Beltz & Gelberg Taschenbuch 568

Louis Sachar, geboren 1954 in East Meadow, New York, studierte Wirtschaftswissenschaften und anschließend Jura. Er arbeitete als Rechtsanwalt und schrieb in seiner Freizeit Kinderbücher, die bald schon so erfolgreich waren, dass er sich ganz dem Schreiben widmen konnte. Heute lebt er mit seiner Frau und seiner Tochter in Kalifornien.

Louis Sachar

Löcher

Die Geheimnisse von Green Lake

Roman

Aus dem amerikanischen Englisch von
Birgitt Kollmann

Löcher kam auf die Auswahlliste zum Deutschen Jugend-
literaturpreis; die amerikanische Originalausgabe wurde in den
USA mit allen renommierten Literaturpreisen ausgezeichnet,
u.a. mit dem National Book Award und der Newbery Medal.

Für Sherre, Jessica, Lori, Kathleen und Emily

Und für Judy Allen,
eine Lehrerin, von der wir alle lernen können

www.beltz.de
Beltz & Gelberg Taschenbuch 568
© 1999, 2002 Beltz & Gelberg
in der Verlagsgruppe Beltz · Weinheim Basel
Alle deutschsprachigen Rechte vorbehalten
Die amerikanische Originalausgabe erschien unter dem Titel *Holes*
bei Farrar, Straus and Giroux, New York
© 1998 Louis Sachar
Aus dem amerikanischen Englisch von Birgitt Kollmann
Neue Rechtschreibung
Einbandgestaltung: Max Bartholl
Einbandbild: Wolf Erlbruch
Gesamtherstellung: Druckhaus Beltz, Hemsbach
Printed in Germany
ISBN 3 407 78568 2
7 8 9   08 07 06 05

TEIL EINS

Sie betreten Camp Green Lake

1

Das hier nennt sich zwar Camp Green Lake, aber einen See gibt es gar nicht. Früher gab es mal einen ganz großen, den größten See in Texas, aber das ist schon über hundert Jahre her. Jetzt ist hier alles flach und trocken, eine einzige Wüste.

Es gab auch mal eine Stadt, die Green Lake hieß, aber die ist gleichzeitig mit dem See immer mehr zusammengeschrumpft und ausgetrocknet, genauso wie die Leute, die da wohnten.

Im Sommer liegt die Temperatur tagsüber bei 35 Grad im Schatten – vorausgesetzt, man findet irgendwo Schatten. Viel gibt es davon nicht an einem großen, ausgetrockneten See.

Die einzigen Bäume sind zwei alte Eichen am Ostufer des »Sees«. Dazwischen ist eine Hängematte gespannt und dahinter steht eine Blockhütte.

Den Bewohnern des Camps ist es verboten, sich in die Hängematte zu legen. Sie gehört nämlich dem Boss. Der Schatten ist ganz allein für den Boss.

Draußen am See suchen Klapperschlangen und Skorpione Schatten unter Felsen und in den Löchern, die die

Bewohner des Camps gegraben haben. Was die Klapperschlangen und Skorpione angeht, sollte man sich eine wichtige Regel merken: Lass sie in Ruhe, dann lassen sie dich auch in Ruhe.

Normalerweise.

Von einem Skorpion oder sogar von einer Klapperschlange gebissen zu werden ist nicht das Schlimmste, was dir passieren kann. Daran stirbst du nicht.

Normalerweise.

Manchmal kommt es vor, dass einer der Jungs hier es darauf anlegt, von einem Skorpion gebissen zu werden, vielleicht sogar von einer kleinen Klapperschlange. Dann darf er sich ein oder zwei Tage in seinem Zelt ausruhen und muss kein Loch graben draußen auf dem See.

Aber keiner würde sich freiwillig von einer gelb gefleckten Eidechse beißen lassen. Das ist das Schlimmste, was einem passieren kann. Dann stirbt man einen langsamen, qualvollen Tod.

Immer.

Wenn du von einer gelb gefleckten Eidechse gebissen wirst, dann kannst du geradeso gut hinüber in den Schatten der Eichen gehen und dich in die Hängematte legen.

Dann kann dir nämlich keiner mehr was.

2

Jetzt fragt sich der Leser vermutlich: Aus welchem Grund sollte irgendjemand auf die Idee verfallen, nach Camp Green Lake zu kommen?

Die Antwort ist: Die meisten Bewohner hatten gar keine andere Wahl. Camp Green Lake ist eine Anstalt für schwere Jungs.

Nimm einen von ihnen und lass ihn Tag für Tag in brütender Hitze ein Loch graben, und du kannst sicher sein, dass ein guter Junge aus ihm wird.

Jedenfalls glaubten das einige Leute.

Stanley Yelnats hatte sogar die freie Wahl. Der Richter sagte: »Du kannst es dir aussuchen – entweder du gehst ins Gefängnis oder du kommst nach Camp Green Lake.«

Stanley kam aus einer armen Familie. Er war noch nie im Leben in einem Feriencamp gewesen.

3

Stanley Yelnats war der einzige Fahrgast im Bus, wenn man den Fahrer und den Wachmann nicht mitrechnete. Der Wachmann saß neben dem Fahrer auf einem umgedrehten Sitz, so dass er Stanley im Blick hatte. Auf seinen Knien lag ein Gewehr.

Stanley saß ungefähr zehn Reihen weiter hinten und war mit Handschellen an einer Armlehne festgekettet. Auf dem Sitz neben ihm lag sein Rucksack. Darin waren seine Zahnbürste, Zahnpasta und eine Schachtel mit Briefpapier, die seine Mutter ihm geschenkt hatte. Er hatte ihr versprochen, wenigstens einmal die Woche zu schreiben.

Er schaute zum Fenster hinaus, auch wenn es nicht viel zu sehen gab – hauptsächlich Wiesen und Baumwollfelder. Er befand sich auf einer langen Busfahrt nach Nirgendwo. Der Bus hatte keine Klimaanlage und die stickige, heiße Luft war fast ebenso beklemmend wie die Handschellen.

Stanley und seine Eltern hatten sich vorzumachen versucht, er würde einfach nur für eine Weile ins Feriencamp gehen, so wie die reichen Kinder. Als

Stanley noch jünger war, hatte er oft mit seinen Plüschtieren Feriencamp gespielt. »Spaß & Spiele« stand auf dem Programm. Mal ließ er sie mit einer Murmel Fußball spielen, mal gab es Hindernisrennen und manchmal auch Bungeespringen vom Tisch hinunter, wozu er die Tiere an durchgerissenen Gummibändern festband. Jetzt versuchte Stanley sich vorzumachen, dass dieses Mal für ihn selbst »Spaß & Spiele im Feriencamp« angesagt war. Vielleicht würde er ja auch Freunde finden, dachte er. Zumindest könnte er im See schwimmen gehen.

Zu Hause hatte er keine Freunde. Er war übergewichtig und die anderen Kinder in seiner Schule machten sich oft darüber lustig. Sogar seine Lehrer machten manchmal irgendwelche grausamen Bemerkungen, ohne es zu merken. An seinem letzten Schultag hatte die Mathelehrerin Mrs. Bell mit ihnen Verhältnisrechnen gemacht. Um ihnen das an einem Beispiel vorzuführen, ließ sie das schwerste und das leichteste Kind der Klasse nach vorne kommen zum Wiegen. Stanley wog dreimal so viel wie der andere Junge. Mrs. Bell schrieb das Verhältnis der beiden Gewichte – 3 : 1 – an die Tafel, ohne zu spüren, wie peinlich die Situation für beide Jungen war.

Am selben Tag war Stanley festgenommen worden.

Er sah den Wachmann an, der zusammengesunken auf seinem Platz saß, und fragte sich, ob er wohl eingeschlafen war. Der Mann hatte eine dunkle Sonnenbrille auf, deswegen konnte Stanley seine Augen nicht sehen.

Stanley war kein schlechter Junge. Er hatte die Tat, wegen der man ihn verurteilt hatte, nicht begangen. Er war einfach im falschen Moment am falschen Ort gewesen.

An der ganzen Sache war überhaupt nur sein Ururgroßvater schuld, dieser elende Tunichtgut und Schweinedieb!

Stanley grinste. Das war so ein stehender Witz in seiner Familie. Wann immer irgendetwas schief ging, schoben sie die Schuld auf Stanleys Ururgroßvater, diesen elenden Tunichtgut und Schweinedieb.

Dieser Ururgroßvater, so hieß es, habe einmal einer Alten, der ein Fuß fehlte, ein Schwein gestohlen, weswegen sie ihn und alle seine Nachkommen verfluchte. Stanley und seine Eltern glaubten natürlich nicht an solche Flüche, aber wenn etwas schief ging, tat es einfach gut, jemanden zu haben, auf den man die Schuld schieben konnte. Und es ging bei ihnen eine ganze Menge schief. Immer schienen sie im falschen Moment am falschen Ort zu sein.

Stanley blickte durchs Fenster in die weite, wüstenähnliche Landschaft hinaus. Mit den Augen folgte er dem Auf und Ab eines Telefonkabels, dazu hörte er im Kopf die raue Stimme seines Vaters, der ihm leise ein Lied sang:

»Wenn, ja wenn«, seufzt der Specht,
»die Rinde am Baum nur ein bisschen weicher wär!«
Und unten lauert der Wolf,
hungrig und einsam heult er zum Mond,
zum Mo-ho-hond:
»Wenn, ja wenn!«

Solange Stanley sich erinnern konnte, hatte der Vater ihm dieses Lied vorgesungen. Es hatte eine süße, traurige Melodie, aber am meisten liebte Stanley die Stelle, wo der Vater *Mo-ho-hond* heulte.

Der Bus holperte über eine Bodenwelle und der Wachmann fuhr hoch und war mit einem Mal hellwach.

Stanleys Vater war ein Erfinder. Um ein erfolgreicher Erfinder zu sein, braucht man drei Dinge: Intelligenz, Ausdauer und ein ganz kleines bisschen Glück.

Stanleys Vater war ein kluger Kopf und an Ausdauer fehlte es ihm auch nicht. Wenn er sich einmal an ein Projekt machte, arbeitete er oft Jahre daran, manchmal mehrere Tage am Stück, ohne zu schlafen. Nur Glück hatte er nie.

Und jedes Mal, wenn wieder ein Experiment gescheitert war, konnte Stanley hören, wie der Vater seinen Urgroßvater verfluchte, diesen elenden Tunichtgut und Schweinedieb.

Stanleys Vater hieß ebenfalls Stanley Yelnats. Sein

voller Name war Stanley Yelnats III. Unser Stanley heißt Stanley Yelnats IV.

In der Familie hatte man es immer toll gefunden, dass man »Stanley Yelnats« sowohl von vorn als auch von hinten lesen konnte. Deswegen wurden die Söhne immer Stanley genannt. Stanley war ein Einzelkind, ebenso wie die anderen Stanley Yelnats vor ihm.

Und noch etwas anderes hatten sie gemein: Obwohl sie so viel Pech hatten, gaben sie nie die Hoffnung auf. Wie sagte Stanleys Vater gern: »Aus Fehlern wird man klug.«

Aber vielleicht war ja auch das ein Teil des Fluchs: Wenn Stanley und sein Vater sich nicht immer so viel Hoffnung gemacht hätten, dann hätte es vielleicht auch nicht so wehgetan, wenn wieder einmal eine Hoffnung zunichte gemacht worden war.

»Nicht jeder Stanley Yelnats ist gescheitert«, betonte Stanleys Mutter gern, wenn Stanley und sein Vater so mutlos waren, dass sie tatsächlich anfingen zu glauben, dass an dem Fluch etwas dran sein musste. Der erste Stanley Yelnats, Stanleys Urgroßvater, hatte an der Börse ein Vermögen gemacht. »Da kann er ja wohl kaum so ein Pechvogel gewesen sein!«

Bei solchen Gelegenheiten vergaß sie gern zu erwähnen, welches Unglück den ersten Stanley Yelnats getroffen hatte: Er hatte nämlich sein ganzes Vermögen verloren, als er von New York nach Kalifornien zog.

Die Kutsche, mit der er reiste, wurde von der berühmten Banditin Kissin' Kate Barlow überfallen und ausgeraubt.

Wenn das nicht passiert wäre, dann lebte Stanleys Familie jetzt in Kalifornien in einer Villa am Strand. Stattdessen hockten sie in einer winzigen Wohnung aufeinander, in der es nach verbranntem Gummi und Fußschweiß stank.

Wenn, ja wenn …

Die Wohnung stank deswegen so, weil Stanleys Vater dabei war, ein Recyclingverfahren für gebrauchte Turnschuhe zu entwickeln. »Der Erste, der eine Methode erfindet, wie man alte Turnschuhe wieder verwenden kann«, sagte er immer, »der wird ein reicher Mann.«

Dieses letzte Projekt seines Vaters war es, das zu Stanleys Festnahme geführt hatte.

Der Bus holperte jetzt immer heftiger, weil die Straße nicht mehr asphaltiert war.

Ehrlich gesagt war Stanley zunächst einmal beeindruckt gewesen, als er erfuhr, dass sein Urgroßvater von Kissin' Kate Barlow ausgeraubt worden war. Klar, ihm wäre es auch lieber gewesen, irgendwo in Kalifornien am Strand zu leben, aber andererseits war es auch ziemlich cool, jemanden in der Familie zu haben, der von einer berühmten Banditin ausgeraubt worden war.

Genau genommen hatte Kate Barlow Stanleys Urgroßvater gar nicht geküsst. Das wäre nun wirklich cool gewesen, aber sie hatte immer nur die Männer geküsst, die sie umgebracht hatte. Ihn aber hatte sie nur ausgeraubt und mitten in der Wüste zurückgelassen.

»Er hat immerhin das Glück gehabt, dass er mit dem Leben davongekommen ist«, beeilte sich Stanleys Mutter immer zu sagen.

Der Bus wurde langsamer. Ächzend reckte und streckte sich der Wachmann.

»Willkommen in Camp Green Lake«, sagte der Fahrer.

Stanley schaute durch das schmutzige Fenster. Er sah überhaupt keinen See.

Und grün war es eigentlich auch nirgends.

4

Stanley fühlte sich leicht benommen, als der Wachmann ihm die Handschellen abnahm und ihn aussteigen ließ. Er hatte über acht Stunden im Bus gesessen.

»Vorsicht!«, sagte der Busfahrer, als Stanley die Stufen hinunterstieg.

Stanley war sich nicht sicher, ob der Fahrer gemeint hatte, er solle beim Aussteigen vorsichtig sein, oder ob vielleicht in Camp Green Lake Vorsicht geboten war. »Danke fürs Mitnehmen«, sagte er. Sein Mund war trocken und der Hals tat ihm weh. Er trat auf harten, trockenen Boden. Da, wo an seinem Handgelenk die Handschellen gesessen hatten, glänzte der Schweiß.

Die Gegend schien verlassen und absolut kahl. Er sah ein paar heruntergekommene Gebäude und einige Zelte. Ein Stück entfernt stand eine Hütte zwischen zwei Bäumen. Außer diesen beiden Bäumen war an Pflanzen nichts zu sehen. Nicht einmal Unkraut gab es.

Der Wachmann brachte Stanley in ein kleines Gebäude. Auf einem Schild am Eingang stand: SIE BETRETEN DIE BESSERUNGSANSTALT CAMP GREEN LAKE. Gleich daneben war ein zweites Schild, auf dem darauf hingewiesen wurde, dass es einen Verstoß gegen die texanischen Gesetze darstelle, das Gelände mit Gewehren oder sonstigen Waffen, Sprengstoff, Drogen oder Alkohol zu betreten.

»Das fängt ja gut an«, dachte Stanley, als er das Schild las. Er folgte dem Wachmann ins Innere des Gebäudes, wo zu seiner großen Erleichterung eine Klimaanlage eingeschaltet war.

An einem Schreibtisch saß ein Mann. Die Füße hatte er auf die Platte gelegt. Als Stanley und sein Bewacher eintraten, drehte er zwar den Kopf, rührte sich aber sonst nicht. Obwohl er doch im Haus war, trug er eine Sonnenbrille und einen Cowboyhut. In der Hand hielt er eine Büchse Mineralwasser und allein der Anblick machte Stanley noch durstiger.

Er wartete, während sein Bewacher aus dem Bus dem Mann ein paar Papiere zum Unterschreiben gab.

»Das sind aber ziemlich viele Sonnenblumenkerne«, sagte der Wachmann.

Stanley bemerkte einen Sack, der neben dem Schreibtisch auf dem Boden stand.

»Ich hab letzten Monat mit dem Rauchen aufgehört«, sagte der Mann mit dem Cowboyhut. Auf seinem Arm war eine Klapperschlange eintätowiert, und es sah so aus, als bewegten sich ihre Hornringe. »Vorher hab ich eine Schachtel am Tag geraucht. Jetzt ess ich jede Woche einen Sack von diesen Dingern.«

Der Wachmann lachte.

Hinter dem Schreibtisch musste es einen kleinen Kühlschrank geben, der Mann mit dem Hut holte nämlich auf einmal noch zwei Büchsen mit Wasser hervor. Stanley hoffte schon, dass eine davon vielleicht für ihn sei, aber der Mann gab eine dem Wachmann und sagte, die andere sei für den Busfahrer.

»Erst neun Stunden her, und jetzt wieder neun Stunden zurück«, schimpfte der Wachmann. »Wirklich ein klasse Tag!«

Stanley dachte an die lange, beschwerliche Busfahrt und der Wachmann und der Busfahrer taten ihm direkt ein bisschen Leid.

Der Mann mit dem Cowboyhut spuckte ein paar Schalen von Sonnenblumenkernen in einen Papierkorb. Dann kam er um den Schreibtisch herum auf Stanley zu. »Mein Name ist Mr. Sir«, sagte er. »Und so wünsche ich auch immer angeredet zu werden, ist das klar?«

Stanley zögerte. »Öh – ja, Mr. Sir«, sagte er, obwohl er sich nicht vorstellen konnte, dass der Mann tatsächlich so heißen sollte.

»Du bist hier nicht bei den Pfadfinderinnen«, sagte Mr. Sir.

Stanley musste sich vor Mr. Sir ausziehen, der kontrollieren wollte, ob er auch nichts versteckte. Dann bekam er ein Handtuch und zwei Garnituren Kleidung. Jede bestand aus einem orangeroten Overall mit langen Ärmeln, einem orangeroten T-Shirt und gelben Socken. Stanley war sich nicht sicher, ob die Socken von Anfang an gelb gewesen waren.

Außerdem bekam er noch weiße Turnschuhe, eine orangerote Kappe und eine Trinkflasche aus schwerem Plastik, die leider leer war. An die Kappe war hinten ein Stoffstreifen angenäht, der den Nacken schützen sollte.

Stanley zog sich wieder an. Die Kleidung roch nach Waschpulver.

Mr. Sir erklärte ihm, er solle die eine Garnitur immer zur Arbeit tragen und die andere in der Freizeit. Alle drei Tage sei große Wäsche, da werde jeweils seine Arbeitskleidung gewaschen. Dann werde die zweite Garnitur zur Arbeitskleidung und für die Freizeit gebe es frische Sachen.

»Du hast jeden Tag ein Loch zu graben, auch samstags und sonntags. Jedes Loch muss fünf Fuß tief sein und auch einen Durchmesser von fünf Fuß haben. Deine Schaufel ist gleichzeitig dein Maßstab. Frühstück gibt es um halb fünf.«

Stanley sah wohl überrascht aus, denn Mr. Sir schickte noch die Erklärung hinterher, dass sie deswegen so früh anfingen, damit sie nicht in der heißesten Zeit des Tages arbeiten müssten. »Einen Babysitter hast du hier nicht«, fügte er hinzu. »Je länger du brauchst zum

Graben, desto länger bist du halt draußen in der Sonne. Wenn du beim Graben irgendwas Interessantes findest, dann bist du gehalten, es mir oder einem der anderen Betreuer zu zeigen. Wenn du mit der Arbeit fertig bist, hast du den Rest des Tages zur freien Verfügung.«

Stanley nickte, um zu zeigen, dass er verstanden hatte.

»Das hier ist kein Lager für Pfadfinderinnen«, betonte Mr. Sir noch einmal.

Er durchsuchte Stanleys Rucksack und erlaubte ihm, ihn zu behalten. Dann ging er mit Stanley hinaus in die glühende Sonne.

»Sieh dich gut um«, sagte Mr. Sir. »Was siehst du?«

Stanley blickte über das weite Ödland. Die Luft schien schwer von Staub und Hitze. »Nicht viel«, sagte er und fügte dann rasch hinzu: »Mr. Sir.«

Mr. Sir lachte. »Siehst du irgendwelche Wachtürme?«

»Nein.«

»Elektrische Stacheldrahtzäune?«

»Nein, Mr. Sir.«

»Hier gibt es überhaupt keinen Zaun, stimmt's?«

»Ja, Mr. Sir.«

»Möchtest du weglaufen?«, fragte ihn Mr. Sir.

Stanley schaute ihn an, unsicher, was die Frage bedeuten sollte.

»Wenn du wegrennen willst, mach nur, lauf los. Ich werde dich nicht aufhalten.«

Stanley begriff nicht, was für ein Spiel Mr. Sir mit ihm spielte.

»Ich sehe, du schaust auf meine Pistole. Keine Angst. Ich werde dich nicht erschießen.« Er klopfte auf den Gurt. »Die ist nur für gelb gefleckte Eidechsen. Für dich würde ich keine Kugel verschwenden.«

»Ich werde nicht wegrennen«, sagte Stanley.

»Das ist klug von dir«, sagte Mr. Sir. »Keiner rennt von hier weg. Wir brauchen keinen Zaun. Weißt du, wieso? Weil wir hier das einzige Wasser im Umkreis von hundert Meilen haben. Wenn hier einer wegrennt, dann ist er nach drei Tagen Futter für die Geier.«

Stanley sah ein paar orange gekleidete Jungs mit Schaufeln. Sie schleppten sich langsam zu den Zelten.

»Hast du Durst?«, fragte Mr. Sir.

»Ja, Mr. Sir«, sagte Stanley dankbar.

»Dann solltest du dich langsam daran gewöhnen. Du wirst die nächsten achtzehn Monate lang Durst haben.«

5

Es gab sechs große graue Zelte und auf jedem stand ein schwarzer Buchstabe: A, B, C, D, E oder F. Die ersten fünf Zelte waren für die Camp-Insassen. Die Betreuer schliefen in Zelt F.

Stanley wurde in Zelt D geschickt. Sein Betreuer hieß Mr. Pendanski.

»Den Namen kann man sich gut merken«, sagte er, als er Stanley vor dem Zelteingang die Hand schüttelte. »Du musst dir nur drei leichte Wörter merken: PEN wie Füller, DANCE wie tanzen, KEY wie Schlüssel.«

Mr. Sir ging zum Büro zurück.

Mr. Pendanski war jünger als Mr. Sir und sah längst nicht so zum Fürchten aus. Die Haare hatte er sich so kurz geschoren, dass er beinahe eine Glatze hatte, doch sein schwarzer Bart war dicht und lockig. Auf der Nase hatte er einen schlimmen Sonnenbrand.

»Mr. Sir ist eigentlich ganz harmlos«, sagte Mr. Pendanski. »Er ist bloß schlecht gelaunt, seit er aufgehört hat zu rauchen. Vor wem du dich wirklich in Acht nehmen solltest, das ist der Boss. Es gibt nur eine Regel hier in Camp Green Lake und die heißt: Ärger den Boss nicht!«

Stanley nickte, als würde er verstehen.

»Du sollst wissen, Stanley, dass ich dich respektiere«, sagte Mr. Pendanski. »Ich habe gehört, dass du in deinem Leben ein paar schwere Fehler begangen hast, sonst wärst du nicht hier. Aber jeder macht Fehler. Du hast vielleicht etwas Böses getan, aber deswegen bist du noch kein böser Mensch.«

Stanley nickte. Es hatte wohl wenig Sinn, wenn er versuchte, seinem Betreuer zu sagen, dass er unschuldig war. Vermutlich behauptete das hier jeder. Und er wollte nicht, dass Mr. PEN-DANCE-KEY ihn gleich für verstockt hielt.

»Ich will dir helfen, dein Leben umzukrempeln«, sagte sein Betreuer. »Aber du musst dabei mitmachen. Kann ich auf dich zählen?«

»Ja, Sir«, sagte Stanley.

»Gut«, sagte Mr. Pendanski und klopfte Stanley auf die Schulter.

Zwei Jungen, jeder mit einer Schaufel, kamen über das Gelände. Mr. Pendanski rief sie. »Rex! Alan! Kommt bitte her und sagt Stanley Guten Tag. Er ist neu in eurer Mannschaft.«

Die Jungen warfen einen müden Blick auf Stanley.

Der Schweiß lief ihnen hinunter, und ihre Gesichter waren so dreckig, dass Stanley erst auf den zweiten Blick merkte, dass der eine weiß und der andere schwarz war.

»Was ist denn mit Kotztüte?«, fragte der schwarze Junge.

»Lewis liegt noch auf der Krankenstation«, sagte Mr. Pendanski. »Er kommt nicht mehr zurück.« Er forderte die Jungen auf, Stanley die Hand zu geben und sich vorzustellen – »wie Gentlemen«.

»Hi«, brummte der weiße Junge.

»Das ist Alan«, sagte Mr. Pendanski.

»Ich heiß nicht Alan«, sagte der Junge. »Ich bin Torpedo. Und der da ist X-Ray.«

»Hey«, sagte X-Ray. Er grinste und schüttelte Stanley die Hand. Er trug eine Brille, die so dreckig war, dass Stanley sich fragte, wie er damit überhaupt etwas sehen konnte.

Mr. Pendanski schickte Alan zum Aufenthaltsraum, die anderen Jungen holen, damit er sie Stanley vorstellen konnte. Dann ging er mit Stanley ins Zelt.

»Welches Bett war das von Lewis?«, fragte Mr. Pendanski.

»Kotztüte hat hier gepennt«, sagte X-Ray und trat gegen eines der Betten.

»Gut«, sagte Mr. Pendanski, »dann ist das von nun an deins, Stanley.«

Stanley sah das Bett an und nickte. Er war nicht wahnsinnig scharf darauf, in einem Bett zu schlafen, das vorher von einem Jungen benutzt worden war, den sie Kotztüte nannten.

Auf einer Seite des Zelts waren sieben Holzkästen in zwei Stapeln aufeinander getürmt, mit der offenen Seite nach vorn. Stanley legte seinen Rucksack, die zweite Garnitur Kleidung und sein Handtuch in den Kasten, der Kotztüte gehört hatte. Es war der unterste in dem Dreierstapel.

Torpedo kam mit vier anderen Jungen zurück. Die ersten drei wurden von Mr. Pendanski als José, Theodore und Ricky vorgestellt. Selbst nannten sie sich Magnet, Deo und Zickzack.

»Alle haben sie hier ihre Spitznamen«, erklärte Mr. Pendanski. »Ich selbst nenne euch allerdings lieber bei den Namen, die eure Eltern euch gegeben haben – denselben Namen, unter denen ihr auch in der Gesellschaft leben werdet, wenn ihr dereinst als nützliche und arbeitsame Mitglieder in ihren Schoß zurückkehrt.«

»Das ist kein Spitzname«, verbesserte X-Ray Mr. Pendanski und klopfte gegen sein Brillengestell. »Mit meinem Röntgenblick sehe ich in Sie hinein, Mom. Sie haben ein dickes, fettes, großes Herz.«

Der letzte Junge hatte entweder keinen richtigen Namen oder er hatte keinen Spitznamen. Sowohl Mr. Pendanski als auch X-Ray nannten ihn Zero.

»Willst du wissen, warum er Zero heißt?«, fragte Mr. Pendanski lächelnd und rüttelte Zero spielerisch an der Schulter. »Weil in seinem Kopf absolut nichts drin ist – zero!«

Zero schwieg.

»Und das hier ist Mom!«, sagte einer der Jungen.

Mr. Pendanski lächelte ihn an. »Wenn es euch hilft, Theodore, dann sagt ruhig weiter Mom zu mir.« Dann wandte er sich Stanley zu. »Wenn du irgendwelche Fragen hast, wird Theodore dir helfen. Hast du mich verstanden, Theodore? Ich verlass mich auf dich.«

Theodore drückte einen dünnen Speichelfaden durch die Zähne und ein paar der Jungen blafften ihn an, sie legten Wert auf ein reinliches »Zuhause«.

»Ihr seid alle mal neu hier gewesen«, sagte Mr. Pendanski, »und ihr wisst alle noch, wie ihr euch damals gefühlt habt. Ich verlass mich auf jeden Einzelnen von euch, dass ihr Stanley helft.«

Stanley schaute zu Boden.

Mr. Pendanski verließ das Zelt, und bald darauf folgten ihm die anderen Jungen, ihre Handtücher und die Ersatzkleidung unterm Arm. Stanley war froh, allein zu sein, aber er hatte solchen Durst, dass er das Gefühl hatte, er müsste sterben, wenn er nicht gleich was zu trinken bekäme.

»Hey – eh, Theodore«, sagte er und lief dem Jungen nach. »Weißt du, wo ich meine Flasche füllen kann?«

Theodore wirbelte herum und packte Stanley am Kragen. »Ich heiß nicht The-o-dore!«, sagte er. »Ich bin Deo.« Er warf Stanley zu Boden.

Erschrocken starrte Stanley ihn von unten an.

»An der Rückwand von den Duschen gibt's einen Wasserhahn.«

»Danke – Deo«, sagte Stanley.

Während er zusah, wie der Junge sich umdrehte und weiterging, dachte er, dass es ihm absolut schleierhaft sei, wieso um alles in der Welt jemand Deo genannt werden wollte.

Jedenfalls half es Stanley irgendwie, sich damit abzufinden, dass er in einem Bett schlafen sollte, in dem vor ihm jemand geschlafen hatte, den sie Kotztüte nannten. Vielleicht war das ja ein Ehrentitel.

6

Stanley duschte sich – soweit man das so nennen konnte –, aß sein Abendessen – soweit man das so nennen konnte – und ging ins Bett – soweit man diese stinkende, kratzige Koje als Bett bezeichnen konnte.

Weil das Wasser so knapp war, durfte jeder Lagerbewohner nur vier Minuten lang duschen. Etwa so lang brauchte Stanley, um sich an das kalte Wasser zu gewöhnen. Einen Knopf für warmes Wasser gab es nicht. Immer wieder trat er unter den Wasserstrahl, um gleich im nächsten Moment wieder zurückzuspringen, und dann war die Zeit auch schon um. Er kam gar nicht dazu, sein Stück Seife zu benutzen, aber andererseits war das auch gut so, weil er gar nicht die Zeit gehabt hätte, den Schaum wieder abzuspülen.

Das Essen bestand aus gekochtem Fleisch mit Gemüse. Das Fleisch war braun und das Gemüse war einmal grün gewesen. Alles schmeckte ziemlich gleich. Stanley aß alles auf und wischte mit einem Stück Brot die Sauce auf. Stanley hatte noch nie zu denen gehört, die etwas auf dem Teller lassen, ganz egal, wie es schmeckte.

»Was hast du gemacht?«, fragte ihn einer der anderen.

Zuerst wusste Stanley gar nicht, was der Junge meinte.

»Es hat doch einen Grund, dass sie dich hergeschickt haben!«

»Ach so«, sagte Stanley. Jetzt kapierte er. »Ich hab ein Paar Turnschuhe geklaut.«

Die anderen fanden das komisch. Stanley war sich nicht sicher, wieso eigentlich. Vielleicht hatten sie selbst ja viel Schlimmeres gemacht als Schuhe zu klauen.

»Aus einem Laden oder hast du sie einem von den Füßen geklaut?«

»Öh – weder noch«, antwortete Stanley. »Sie gehörten Clyde Livingston.«

Das nahm ihm keiner ab.

»Du meinst – *Sweet Feet?*«, sagte X-Ray. »Das gibt's doch nicht!«

»Ausgeschlossen!«, sagte Torpedo.

Als Stanley später auf seinem Bett lag, kam es ihm erst richtig komisch vor: Keiner hatte ihm geglaubt, als er sagte, dass er unschuldig sei. Aber als er sagte, er habe die Dinger wirklich geklaut, da glaubte ihm auch keiner.

Clyde »Sweet Feet« Livingston war ein berühmter Baseballspieler. Seit drei Jahren war er der Star der American League gewesen. Es war der einzige Spieler in der Geschichte des Baseball, der je in einem einzigen Spiel vier Homeruns geschafft hatte.

Stanley hatte ein Poster von Clyde Livingston in seinem Zimmer an der Wand hängen. Jedenfalls hatte er es mal gehabt. Wo es jetzt war, wusste er nicht. Die Polizei hatte es als Beweisstück mitgenommen und vor Gericht als Indiz für seine Schuld präsentiert.

Auch Clyde Livingston war im Gerichtssaal erschienen. Als Stanley hörte, dass Sweet Feet kommen würde, war er trotz allem ganz gespannt darauf, seinem Helden zu begegnen.

Clyde Livingston bezeugte, dass es sich bei den Turnschuhen tatsächlich um seine handelte und dass er sie einem Heim für Straßenkinder gespendet hatte. Er sagte, er könne nicht begreifen, wie ein Mensch so gemein sein könne, Kindern, die kein Zuhause hätten, etwas zu stehlen.

Das war das Schlimmste für Stanley. Sein Held hielt ihn für einen elenden, nichtsnutzigen Dieb.

Als Stanley versuchte, sich auf seinem Feldbett umzudrehen, befürchtete er, es könnte unter seinem Gewicht zusammenbrechen. Er passte kaum hinein. Als er es endlich geschafft hatte, sich auf den Bauch zu legen, war der Gestank so ekelhaft, dass er sich wieder umdrehen und versuchen musste, auf dem Rücken zu schlafen. Die Matratze stank wie saure Milch.

Obwohl es Nacht war, war die Luft noch immer warm. Zwei Betten weiter schnarchte Deo.

In seiner Schule hatte es einen Jungen gegeben, Derrick Dunne, der ihn ständig fertig gemacht hatte. Die Lehrer hatten Stanleys Beschwerden nie ernst genommen, weil Derrick so viel kleiner war als Stanley. Manche Lehrer schienen es sogar witzig zu finden, dass ein kleiner Junge wie Derrick es ausgerechnet auf ein Riesenbaby wie Stanley abgesehen hatte.

An dem Tag, als Stanley festgenommen wurde, hatte Derrick Stanley das Hausaufgabenheft weggeschnappt, ihm damit vor der Nase herumgewedelt und gesagt: »Komm, hol's dir doch!« Schließlich hatte er es ins Jungenklo geschmissen. Bis Stanley es sich endlich zurückgeholt hatte, war sein Bus weg und er musste nach Hause laufen.

Auf diesem Nachhauseweg mit dem nassen Heft und der Aussicht darauf, die ruinierten Seiten noch mal abschreiben zu dürfen, waren die Turnschuhe vom Himmel gefallen.

»Ich bin nach Hause gelaufen und da fielen die Turnschuhe vom Himmel«, hatte er dem Richter erzählt. »Einer ist mir direkt auf den Kopf gefallen.«

Es hatte richtig wehgetan.

Genau genommen waren sie natürlich nicht vom Himmel gefallen: Er ging gerade unter einer Überführung hindurch, als ihm der Schuh auf den Kopf fiel.

Für Stanley war es so etwas wie ein Omen gewesen. Sein Vater war schon seit einiger Zeit daran, ein

Recyclingverfahren für alte Turnschuhe zu entwickeln, und nun fiel Stanley plötzlich ein Paar Turnschuhe auf den Kopf, scheinbar aus dem Nichts, wie ein Geschenk des Himmels.

Selbstverständlich konnte Stanley nicht wissen, dass die Schuhe »Sweet Feet« Livingston gehörten. Süß war an diesen Schuhen wirklich nichts. Wer immer sie getragen hatte, musste Fußschweiß der übelsten Sorte gehabt haben.

Der Gedanke, dass es mit diesen Schuhen etwas Besonderes auf sich haben musste, dass sie irgendwie der Schlüssel zur Erfindung seines Vaters sein würden, hatte sich Stanley förmlich aufgedrängt. Er konnte nicht an einen Zufall glauben, dafür kamen einfach zu viele Dinge zusammen. Stanley kam es so vor, als hielte er mit diesen Turnschuhen das Schicksal in der Hand.

Er rannte los. Wenn er jetzt daran zurückdachte, war er sich nicht mehr so sicher, warum er eigentlich gerannt war. Vielleicht hatte er es eilig gehabt, seinem Vater die Schuhe zu bringen, vielleicht wollte er auch bloß vor dem ganzen Elend und den Demütigungen davonrennen, die er an diesem Tag in der Schule erlebt hatte.

Dann hatte ein Polizeiwagen neben ihm angehalten. Ein Polizist hatte ihn gefragt, wieso er so rannte. Dann hatte er ihm die Schuhe abgenommen und über Funk eine Nachfrage gestartet. Kurz darauf war Stanley festgenommen worden.

Es hatte sich herausgestellt, dass die Turnschuhe aus dem Heim für Straßenkinder gestohlen worden waren, wo man sie in einer Vitrine ausgestellt hatte. Am Abend desselben Tages wurden in diesem Heim reiche Leute erwartet, die für das gleiche Essen, das die Armen dort Tag für Tag umsonst bekamen, hundert Dollar bezahlen würden. Clyde Livingston, der früher einmal selbst in diesem Heim gelebt hatte, sollte dort sprechen und Autogramme geben. Seine Schuhe sollten versteigert werden, und es wurde damit gerechnet, dass sie mehr als fünftausend Dollar einbringen würden. Das ganze Geld sollte für die Straßenkinder ausgegeben werden.

Wegen der Spieltermine der Baseball-Liga wurde Stanleys Prozess immer wieder verschoben. Seine Eltern konnten sich keinen Anwalt leisten. »Du brauchst keinen Anwalt«, hatte seine Mutter gesagt. »Erzähl ihnen einfach die Wahrheit!«

Stanley hatte die Wahrheit gesagt, aber vielleicht wäre es besser gewesen, wenn er ein bisschen gelogen hätte. Er hätte sagen können, er hätte die Schuhe auf der Straße gefunden. Dass sie vom Himmel gefallen waren, hatte ihm niemand geglaubt.

Es war gar nicht Schicksal gewesen, wurde ihm jetzt bewusst. Sein Ururgroßvater war schuld, dieser elende Tunichtgut und Schweinedieb!

Der Richter hatte Stanleys Tat als schändlich bezeichnet. »Der Wert der Schuhe war mit über fünftausend

Dollar angesetzt. Dieses Geld sollte dazu dienen, den Straßenkindern Essen und ein Obdach zu geben. Und das alles hast du ihnen gestohlen, nur um ein Souvenir zu haben!«

Der Richter hatte gesagt, dass es in Camp Green Lake einen freien Platz gebe, und er hatte gemeint, dass die strikte Disziplin, die dort herrsche, dazu beitragen könne, Stanley zu einem besseren Charakter zu verhelfen. Er hatte die Wahl – Camp oder Knast. Stanleys Eltern hatten gefragt, ob sie noch etwas Bedenkzeit haben könnten, um sich über Camp Green Lake zu informieren, doch der Richter hatte ihnen zu einer raschen Entscheidung geraten. »Freie Plätze in Camp Green Lake sind immer schnell vergeben.«

7

Die Schaufel fühlte sich schwer an in Stanleys weichen, fleischigen Händen. Er versuchte sie in die Erde zu rammen, aber das Schaufelblatt knallte gegen den Boden und prallte dort ab, ohne auch nur eine Spur zu hinterlassen. Stanley spürte, wie erst der Schaufelschaft und dann seine Handgelenke von dem Stoß zitterten. Ihm war, als ob alle seine Knochen klapperten.

Es war noch dunkel. Das einzige Licht kam vom Mond und den Sternen. So viele Sterne hatte Stanley noch nie zuvor gesehen. Als Mr. Pendanski sie geweckt hatte, war es ihm vorgekommen, als sei er eben erst eingeschlafen.

Mit aller Kraft stieß er die Schaufel wieder gegen den ausgetrockneten Grund des Sees. Die Hände taten ihm weh von der Anstrengung, doch am Boden zeigte sich keine Spur. Er überlegte, ob seine Schaufel womöglich kaputt war. Er schaute verstohlen zu Zero hinüber, der etwa fünfzehn Fuß entfernt gerade eine Schaufel voll Erde hochhob und auf einen Haufen warf, der schon fast einen Fuß hoch war.

Zum Frühstück hatte es lauwarmen Getreidebrei gegeben. Das Beste war noch der Orangensaft. Jeder hatte ein Trinkpäckchen mit etwa einem halben Liter bekommen. Der Brei hatte gar nicht mal so schlecht geschmeckt, aber gerochen hatte er ganz ähnlich wie seine Matratze.

Dann hatten sie ihre Trinkflaschen gefüllt, ihre Schaufeln geholt und waren auf den See hinausmarschiert. Jede Gruppe bekam ein bestimmtes Gebiet zugewiesen.

Die Schaufeln wurden in einem Schuppen in der Nähe der Duschen aufbewahrt; Stanley fand, dass sie alle gleich aussahen, aber X-Ray hatte seine Spezialschaufel, die außer ihm niemand benutzen durfte. X-Ray behauptete, sie sei kürzer als die anderen, aber wenn es wirklich so war, dann konnte es sich höchstens um den Bruchteil eines Zolls handeln.

Die Schaufeln waren, von der Spitze des Stahlblatts bis zum Ende des hölzernen Schafts, fünf Fuß hoch. Stanleys Loch sollte so tief werden, wie seine Schaufel lang war, und die Schaufel musste in jeder Richtung quer hineinpassen. Deswegen wollte X-Ray die kürzeste Schaufel.

Der See war so übersät mit Löchern und Erdhaufen, dass Stanley an Aufnahmen vom Mond denken musste. »Wenn du irgendetwas Interessantes oder Ungewöhnliches finden solltest«, hatte Mr. Pendanski ihm gesagt, »dann sag es mir oder Mr. Sir, wenn wir mit dem Wasserwagen vorbeikommen. Wenn dem Boss gefällt, was du gefunden hast, bekommst du den Rest des Tages frei.«

»Wonach sollen wir denn suchen?«, hatte Stanley gefragt.

»Suchen sollt ihr nach gar nichts. Das Graben dient einzig und allein der Charakterbildung. Nur wenn ihr zufällig etwas findet, dann wüsste der Boss es gern.«

Stanley warf einen hilflosen Blick auf seine Schaufel. Mit der Schaufel stimmte alles. Er war es, mit dem etwas nicht stimmte.

Er sah einen Spalt im Boden. Er platzierte die Schaufel direkt darüber und sprang dann mit beiden Füßen auf die Oberkante des Schaufelblatts.

Die Schaufel versank einige Zoll tief in der harten Erde.

Stanley grinste. Zum ersten Mal in seinem Leben hatte er etwas davon, dass er übergewichtig war.

Er lehnte sich auf den Schaft, wuchtete seine erste Ladung Erde hoch und warf sie zur Seite.

Bloß noch zehn Millionen mal so viel, dachte er, platzierte die Schaufel von neuem auf dem Spalt und sprang wieder darauf.

Auf diese Weise hatte er schon mehrere Schaufeln Erde hochgeholt, als ihm klar wurde, dass er die Erde dort ablud, wo er sein Loch graben sollte. Er legte seine Schaufel flach auf den Boden und markierte die Ränder des Lochs. Fünf Fuß war furchtbar breit.

Er schaffte die Erde, die er bereits hochgeholt hatte, an eine Stelle außerhalb seiner Markierung. Dann trank er etwas Wasser aus seiner Flasche. Fünf Fuß, das war auch furchtbar tief.

Nach einer Weile wurde es leichter zu graben. An der Oberfläche war der Boden am härtesten, eine Schicht von rund acht Zoll war von der Sonne steinhart gebrannt. Darunter war die Erde lockerer. Aber als Stanley die obere Kruste geschafft hatte, hatte er mitten am rechten Daumen eine Blase, so dass es wehtat, die Schaufel zu halten.

Stanleys Ururgroßvater hieß Elya Yelnats. Er war in Lettland zur Welt gekommen. Als er fünfzehn war, verliebte er sich in Myra Menke.

(Dass er einmal Stanleys Ururgroßvater werden würde, wusste er natürlich nicht.)

Myra Menke war vierzehn. In zwei Monaten würde sie fünfzehn werden, und dann, so hatte ihr Vater es beschlossen, sollte sie heiraten.

Elya ging zu Myras Vater, um ihn um die Hand seiner Tochter zu bitten, aber er war nicht der Einzige. Auch Igor Barkov, der Schweinebauer, kam. Igor war siebenundfünfzig, hatte eine ewig rote Nase und dicke Pausbacken.

»Ich biete dir mein fettestes Schwein für deine Tochter«, sagte Igor.

»Und was hast *du* zu bieten?«, wollte Myras Vater von Elya wissen.

»Ein Herz voller Liebe«, sagte Elya.

»Ein fettes Schwein wäre mir lieber«, meinte Myras Vater.

Verzweifelt ging Elya zur alten Madame Zeroni, die am Ortsrand lebte. Er hatte sich mit ihr angefreundet, obschon sie so viel älter war als er. Sie war sogar noch älter als Igor Barkov.

Die anderen Jungen seines Dorfes liebten es, miteinander im Schlamm zu ringen, aber Elya zog es vor, Madame Zeroni zu besuchen und ihren vielen Geschichten zu lauschen.

Madame Zeronis Haut war dunkel und ihr Mund sehr groß. Wenn sie einen Menschen ansah, schienen ihre Augen immer größer zu werden, und man hatte das Gefühl, dass sie direkt in einen hineinsah.

»Elya, was ist mit dir?«, fragte sie, noch bevor Elya ihr überhaupt gesagt hatte, wie aufgebracht er war. Sie saß in einem behelfsmäßigen Rollstuhl, weil ihr der linke Fuß fehlte. Das Bein endete am Knöchel.

»Ich bin in Myra Menke verliebt«, gestand Elya. »Aber Igor Barkov hat sein fettestes Schwein für sie geboten. Da kann ich nicht mithalten.«

»Um so besser«, sagte Madame Zeroni. »Du bist noch zu jung zum Heiraten. Du hast noch dein ganzes Leben vor dir.«

»Aber ich liebe Myra.«

»Myras Kopf ist so hohl wie eine Blumenvase.«

»Aber sie ist schön.«

»Das ist eine Blumenvase auch. Kann sie einen Pflug lenken? Kann sie eine Ziege melken? Nein, dafür ist sie zu zart. Kann man sich vernünftig mit ihr unterhalten? Nein, dafür ist sie zu dumm und zu albern. Wird sie sich um dich kümmern, wenn du krank wirst? Nein, sie ist nämlich verwöhnt und wird von dir erwarten, dass du dich um sie kümmerst. Schön ist sie, sagst du. Na und? Pphhh!«

Madame Zeroni spuckte auf den Lehmboden.

Sie riet Elya nach Amerika zu gehen. »So wie mein Sohn. Da liegt deine Zukunft. Nicht bei Myra Menke.«

Aber davon wollte Elya nichts wissen. Er war fünfzehn und er sah nichts außer Myras oberflächlicher Schönheit.

Madame Zeroni fand es schrecklich, Elya so verzweifelt zu sehen. Und deshalb half sie ihm, wider besseres Wissen.

»Zufällig hat meine Sau gestern Ferkel geworfen«, sagte sie. »Es ist ein Winzling dabei, der nicht trinken will. Du kannst ihn haben. Er würde sowieso sterben.«

Madame Zeroni führte Elya hinters Haus, wo sie ihre Schweine hielt. Elya nahm das winzige Ferkel auf den Arm, aber was es ihm nutzen sollte, verstand er nicht. Es war kaum größer als eine Ratte.

»Es wächst noch«, versicherte ihm Madame Zeroni. »Siehst du den Berg dort hinter dem Wald?«

»Ja«, sagte Elya.

»Auf seinem Gipfel gibt es eine Quelle, die bergauf fließt. Du musst dein Ferkel jeden Tag auf den Berg tragen und es aus der Quelle trinken lassen. Während es trinkt, musst du ihm etwas vorsingen.«

Sie brachte Elya ein besonderes Lied bei, das er dem Schwein singen sollte.

»An Myras fünfzehntem Geburtstag trägst du das Schwein zum letzten Mal auf den Berg. Dann bring es von dort direkt zu Myras Vater. Es wird fetter sein als jedes von Igors Schweinen.«

»Aber wenn es so dick und fett wird«, fragte Elya, »wie soll ich es dann auf den Berg schleppen?«

»Das Ferkel ist dir doch jetzt auch nicht zu schwer, oder?«, fragte Madame Zeroni.

»Natürlich nicht«, sagte Elya.

»Glaubst du, dass es dir morgen zu schwer sein wird?«

»Nein.«

»Du wirst das Schwein jeden Tag auf den Berg tragen. Es wird immer ein bisschen größer werden, aber du wirst gleichzeitig ein bisschen kräftiger werden. Nachdem du Myras Vater das Schwein gegeben hast, möchte ich, dass du mir einen Gefallen tust.«

»Jeden«, sagte Elya.

»Ich möchte, dass du mich auch auf den Berg trägst.

Ich möchte selbst aus der Quelle trinken und du sollst mir dabei das Lied vorsingen.«

Elya versprach es.

Wenn er es nicht täte, warnte ihn Madame Zeroni, dann wären er und seine Nachfahren bis in alle Ewigkeit verdammt.

Damals dachte sich Elya nicht viel dabei. Er war erst fünfzehn und *die Ewigkeit* schien ihm kaum weiter entfernt als der kommende Dienstag. Außerdem hatte er Madame Zeroni gern und würde sie mit Freuden auf den Berg tragen. Er hätte es auf der Stelle getan, aber noch war er dafür nicht stark genug.

Stanley grub immer noch. Sein Loch war jetzt etwa drei Fuß tief, aber nur in der Mitte. Die Seitenwände waren noch ganz schräg. Die Sonne war eben erst am Horizont aufgetaucht, aber schon fühlte er ihre heißen Strahlen im Gesicht.

Als er sich bückte, um nach seiner Trinkflasche zu greifen, wurde ihm plötzlich schwindelig, und er legte beide Hände auf seine Knie, um sich abzustützen. Einen Augenblick lang hatte er Angst, er müsse sich übergeben, aber das war gleich wieder vorbei. Er trank den letzten Tropfen Wasser aus seiner Flasche. Inzwischen hatte er an jedem Finger Blasen und auch auf beiden Handflächen.

Alle anderen hatten viel tiefere Löcher als er. Die

Löcher selbst konnte er zwar nicht sehen, aber die hohen Erdhaufen daneben.

Er sah, wie sich eine Staubwolke über das Ödland bewegte, und merkte, dass die anderen Jungen aufgehört hatten zu graben und ebenfalls hinüberschauten. Die schmutzige Wolke kam immer näher, und nun sah er, dass sie einem roten Pick-up folgte.

Der Wagen hielt in ihrer Nähe, und die Jungen stellten sich hinter ihm in einer Reihe an, X-Ray als Erster, Zero als Letzter.

Mr. Sir füllte jedem die Trinkflasche aus einem Wassertank auf der Ladefläche des Pick-ups. Als er Stanleys Flasche entgegennahm, sagte er: »Na, hab ich Recht gehabt – wir sind hier nicht bei den Pfadfinderinnen, oder?«

Stanley zuckte nur mit den Schultern.

Mr. Sir ging mit Stanley zu dessen Loch zurück. »Du solltest dich ein bisschen dranhalten«, sagte er, »sonst musst du nachher in der heißesten Tageszeit graben.« Er warf sich ein paar Sonnenblumenkerne in den Mund, entfernte geschickt mit den Zähnen die Schalen und spuckte sie in Stanleys Loch.

Jeden Tag trug Elya das Schweinchen auf den Berg und sang ihm vor, während es aus dem Bach trank. Das Schwein wurde immer fetter und Elya wurde immer kräftiger.

Am Tag von Myras fünfzehntem Geburtstag wog Elyas Schwein gute drei Zentner. Madame Zeroni hatte ihm gesagt, er solle das Schwein an diesem Tag zum letzten Mal auf den Berg tragen, aber Elya wollte nicht selbst wie ein Schwein stinken, wenn er bei Myra vorsprach.

Stattdessen nahm er ein Bad. Es war bereits das zweite in weniger als einer Woche.

Dann ging er mit dem Schwein zu Myras Haus.

Auch Igor Barkov war dort mit seinem Schwein.

»Das sind die zwei prächtigsten Schweine, die ich je gesehen habe«, erklärte Myras Vater.

Er war auch von Elya selbst beeindruckt, der in diesen zwei Monaten größer und kräftiger geworden zu sein schien. »Ich hab dich immer für einen gehalten, der seine Nase nur in Bücher steckt und zu nichts taugt«, sagte er. »Aber jetzt sehe ich, dass du durchaus einen exzellenten Ringer abgeben würdest.«

»Darf ich deine Tochter heiraten?«, fragte Elya kühn.

»Zuerst muss ich die Schweine wiegen.«

Ach, der arme Elya – er hätte sein Schwein doch noch ein letztes Mal auf den Berg tragen sollen. Beide Schweine wogen exakt gleich viel.

Stanleys Blasen waren aufgeplatzt, neue hatten sich gebildet. Er hielt seine Schaufel immer wieder anders, damit es weniger wehtat. Schließlich nahm er seine

Kappe ab und legte sie zwischen den Schaft und das rohe Fleisch seiner Hände. Das half, machte aber das Graben mühsamer, weil die Mütze immer verrutschte. Die Sonne knallte jetzt auf seinen ungeschützten Kopf und Nacken.

Obwohl er sich einzureden versuchte, dass er sich täuschte, war ihm schon seit einer geraumen Weile klar, dass seine Erdhaufen zu nah bei seinem Loch waren. Sie lagen zwar außerhalb des Fünf-Fuß-Kreises, aber er sah, dass ihm der Platz nicht reichen würde. Trotzdem tat er so, als wäre alles in Ordnung, und schaufelte immer noch mehr Erde auf dieselben Haufen, die er irgendwann würde wegschaffen müssen.

Das Problem war, dass die Erde, solange sie sich im Boden befand, zusammengepresst war. Ausgegraben nahm sie viel mehr Platz ein. Die Erdhaufen waren viel größer, als sein Loch tief war.

Es gab nur zwei Möglichkeiten: jetzt oder später. Widerstrebend stieg er aus seinem Loch und stieß seine Schaufel wieder einmal in die bereits ausgegrabene Erde.

Myras Vater begab sich auf alle viere und besah sich jedes Schwein vom Schwanz bis zur Schnauze.

»Das sind die zwei besten Schweine, die ich je gesehen habe«, sagte er schließlich. »Wie soll ich mich bloß entscheiden? Ich habe doch nur eine Tochter!«

»Warum lässt du Myra nicht selbst entscheiden?«, schlug Elya vor.

»Das ist unerhört!«, rief Igor und versprühte Spucke beim Sprechen.

»Myra ist nur ein hohlköpfiges Mädchen«, sagte ihr Vater. »Wie soll sie sich entscheiden können, wenn ich, ihr Vater, es nicht kann?«

»Sie weiß, was ihr Herz fühlt«, sagte Elya.

Myras Vater rieb sich das Kinn. Dann lachte er und sagte: »Warum nicht?« Er schlug Elya auf den Rücken. »Mir soll es egal sein. Schwein ist Schwein.«

Er ließ seine Tochter kommen.

Elya errötete, als Myra den Raum betrat. »Guten Tag, Myra«, sagte er.

Sie sah ihn an. »Du bist Elya, stimmt's?«, fragte sie.

»Myra«, sagte ihr Vater, »Elya und Igor haben mir jeder ein Schwein geboten, wenn sie dich zur Frau bekommen. Mir ist es gleich, Schwein ist Schwein. Also will ich dich entscheiden lassen. Wen möchtest du heiraten?«

Myra sah verwirrt aus. »Du willst, dass ich das entscheide?«

»Genau, meine Blume«, sagte ihr Vater.

»Oje, ich weiß auch nicht«, sagte Myra. »Welches Schwein wiegt mehr?«

»Sie wiegen beide genau gleich viel«, sagte ihr Vater.

»Du liebe Güte«, sagte Myra. »Ich glaube, ich werde

Elya heiraten – oder nein, lieber doch Igor. Ach, jetzt weiß ich was: Ich denk mir eine Zahl aus zwischen eins und zehn. Wer von beiden die Zahl errät, die am nächsten dran ist, den werde ich heiraten. Los, ich bin soweit.«

»Zehn«, riet Igor.

Elya sagte nichts.

»Elya?«, sagte Myra. »Welche Zahl rätst du?«

Elya mochte sich keine Zahl ausdenken. »Heirate Igor«, murmelte er. »Mein Schwein kannst du behalten, als Hochzeitsgeschenk.«

Als der Wasserwagen das nächste Mal kam, saß Mr. Pendanski am Steuer. Er hatte auch einen Imbiss dabei. Stanley lehnte sich mit dem Rücken an einen Erdhaufen und aß. In seiner Tüte waren ein Sandwich mit einer Scheibe Wurst, Kartoffelchips und ein großer Schokoladekeks.

»Na, wie läuft's?«, fragte Magnet.

»Nicht besonders«, antwortete Stanley.

»Das erste Loch ist immer das schwerste«, sagte Magnet.

Stanley atmete tief durch. Er konnte es sich nicht leisten zu trödeln. Er hinkte weit hinter den anderen her und die Sonne schien immer noch heißer. Es war noch nicht mal Mittag. Aber er wusste nicht, ob er die Kraft hatte, wieder aufzustehen.

Er überlegte, ob er einfach aufhören sollte. Er fragte sich, was sie dann wohl tun würden. Was konnten sie ihm hier noch groß anhaben?

Seine Kleidung war durchgeschwitzt. In der Schule hatte er gelernt, dass Schwitzen gesund war. Auf diese Weise sorgte die Natur dafür, dass der Körper kühl blieb. Warum war ihm dann aber so heiß?

Indem er sich auf seine Schaufel stützte, schaffte er es, auf die Füße zu kommen.

»Wo soll man denn hier eigentlich pinkeln?«, fragte er Magnet.

Magnet beschrieb mit den Armen einen weiten Bogen um sie herum. »Such dir ein Loch aus, irgendeins.«

Stanley taumelte über den See und fiel fast über einen Erdhaufen.

Er hörte Magnet hinter sich sagen: »Aber guck vorher rein, ob es auch nicht bewohnt ist.«

Nachdem er Myras Haus verlassen hatte, streifte Elya ziellos durch den Ort, bis er sich unten am Kai wiederfand. Er setzte sich ans Ende eines Landungsstegs und starrte in das kalte, schwarze Wasser.

Er konnte es nicht verstehen, wieso Myra sich nicht zwischen ihm und Igor entscheiden konnte. Er hatte gedacht, sie liebte ihn. Und selbst wenn sie ihn nicht liebte – sah sie denn nicht, was für ein widerlicher Mensch Igor war?

Madame Zeroni hatte Recht gehabt: Myras Kopf war so hohl wie eine Blumenvase.

An einem der anderen Docks sammelten sich ein paar Männer, und Elya ging hinüber, um zu sehen, was da los war. Auf einem Schild stand:

MATROSEN GESUCHT
FREIE ÜBERFAHRT NACH AMERIKA

Elya verstand nichts von der Seefahrt, aber der Kapitän des Schiffs nahm ihn trotzdem. Er sah, wie kräftig Elya war. Nicht jeder konnte ein ausgewachsenes Schwein auf einen Berg tragen.

Erst als das Schiff bereits den Hafen verlassen hatte und auf den Atlantik zusteuerte, erinnerte Elya sich plötzlich an sein Versprechen, Madame Zeroni auf den Berg zu tragen. Ihm war ganz schrecklich zumute.

Vor dem Fluch hatte er keine Angst. Das war für ihn nichts weiter als dummes Gerede. Er fühlte sich nur deswegen so schlecht, weil er wusste, dass Madame Zeroni noch einmal aus der Quelle hatte trinken wollen, bevor sie starb.

Zero war der Kleinste in Gruppe D, aber er war immer als Erster fertig.

»Hast du's schon geschafft?«, fragte Stanley neidisch.

Zero sagte nichts.

Stanley ging zu Zeros Loch hinüber und sah zu, wie Zero es mit der Schaufel ausmaß. Der obere Ring war ein perfekter Kreis und die Seitenwände waren steil und glatt. Nicht ein Klumpen Erde mehr als notwendig war entfernt worden.

Zero schwang sich aus dem Loch. Er lächelte nicht einmal. Er schaute hinunter in sein perfekt ausgehobenes Loch, spuckte hinein, drehte sich um und ging zum Camp zurück.

»Zero ist schon ein komischer Vogel«, sagte Zickzack.

Stanley hätte fast gelacht, aber er hatte nicht mehr die Kraft dazu. Zickzack selbst war mit Sicherheit der komischste Vogel, den Stanley je gesehen hatte. Auf seinem langen dünnen Hals saß ein dicker runder Kopf, von dem das krause blonde Haar wild in alle Richtungen abstand. Der Kopf schien auf dem dünnen Hals hin- und herzuwackeln, als wäre er auf einer Sprungfeder angebracht.

Deo war als Zweiter fertig. Auch er spuckte in sein Loch, bevor er zum Lager zurückging. Einen nach dem anderen sah Stanley die Jungs in ihre Löcher spucken und sich auf den Rückweg zum Camp machen.

Er selbst grub weiter. Sein Loch reichte ihm jetzt etwa bis zur Schulter. Allerdings konnte er kaum sagen, wo genau die Erdoberfläche begann, weil seine Erdhaufen unmittelbar an sein Loch grenzten. Je tiefer er kam, desto schwerer wurde es, die Erde nach oben zu heben und aus dem Loch zu werfen. Ihm wurde immer klarer, dass er seine Haufen ein weiteres Mal würde zur Seite schaffen müssen.

Seine Mütze war verschmiert vom Blut seiner Hände. Er fühlte sich, als würde er sein eigenes Grab schaufeln.

In Amerika lernte Elya Englisch. Er verliebte sich in eine Frau namens Sarah Miller. Sie konnte einen Pflug lenken, eine Ziege melken und, was am wichtigsten war, selbstständig denken. Oft saßen Elya und sie die halbe Nacht auf und redeten und lachten miteinander.

Sie hatten kein leichtes Leben. Elya arbeitete schwer, aber das Pech schien ihn zu verfolgen. Immer schien er zur falschen Zeit am falschen Ort zu sein.

Er erinnerte sich daran, dass Madame Zeroni ihm gesagt hatte, dass sie einen Sohn in Amerika habe. Von da an suchte Elya immer nach ihm. Es konnte vorkommen, dass er auf wildfremde Menschen zuging und sie fragte, ob sie vielleicht jemanden mit dem Namen Zeroni kannten oder von jemandem mit diesem Namen gehört hatten.

Aber keiner wusste etwas. Elya war sich auch nicht sicher, was er eigentlich tun würde, wenn er Madame Zeronis Sohn finden sollte. Ihn einen Berg hinauftragen und ihm das Wiegenlied vorsingen, das er für das Schwein gesungen hatte?

Nachdem zum dritten Mal der Blitz in seine Scheune

eingeschlagen hatte, erzählte er Sarah von dem Versprechen, das er Madame Zeroni gegeben und nicht gehalten hatte. »Ich bin schlimmer als ein Schweinedieb«, sagte er. »Du solltest mich verlassen und dir einen anderen suchen, auf dem kein Fluch liegt.«

»Ich verlasse dich nicht«, sagte Sarah. »Aber ich möchte, dass du etwas für mich tust.«

»Was du willst«, sagte Elya.

Sarah lächelte. »Sing mir das Schweinelied.«

Er sang es für sie.

Ihre Augen leuchteten. »Was für ein schönes Lied! Was bedeutet es?«

Elya tat sein Bestes, um das Lied aus dem Lettischen ins Englische zu übersetzen, aber es war nicht dasselbe. »Auf Lettisch reimt es sich«, sagte er.

»Das habe ich gemerkt«, sagte Sarah.

Ein Jahr später kam ihr Kind zur Welt. Sarah nannte es Stanley, weil ihr aufgefallen war, dass Yelnats rückwärts gelesen Stanley ergab.

Sarah veränderte die Worte des Schweineliedchens so, dass sie sich auf Englisch reimten, und sang es dem kleinen Stanley jeden Abend vor.

»Wenn, ja wenn«, seufzt der Specht,
»die Rinde am Baum nur ein bisschen weicher wär!«
Und unten lauert der Wolf,
hungrig und einsam heult er zum Mond,

Stanleys Loch war jetzt so tief wie seine Schaufel, aber unten am Grund noch nicht breit genug. Er zog eine Grimasse, als er die Schaufel in den Boden hieb, ein Stück Erde herausstach und auf seinen Haufen beförderte.

Wieder legte er seine Schaufel auf den Boden seines Lochs und zu seiner Überraschung passte sie jetzt hinein. Er drehte sie im Kreis und musste nur noch hier und da kleine Stücke Erde wegnehmen, bevor die Schaufel in jeder Richtung flach im Loch liegen konnte.

Er hörte, wie sich der Wasserwagen näherte, und empfand so etwas wie Stolz bei dem Gedanken, Mr. Sir oder auch Mr. Pendanski zeigen zu können, dass er sein erstes Loch gegraben hatte.

Er legte beide Hände oben auf den Rand und versuchte sich hochzuziehen.

Er schaffte es nicht. Seine Arme waren zu schwach, um seinen schweren Körper hochzustemmen.

Er nahm seine Beine zur Hilfe, aber er hatte einfach keine Kraft. Er war in seinem Loch gefangen. Es war schon beinahe komisch, aber ihm war nicht nach Lachen zumute.

»Stanley!«, hörte er Mr. Pendanski rufen.

Mit der Schaufel schlug er zwei Trittstellen in die

Seitenwand. Als er hinauskletterte, sah er Mr. Pendanski auf sich zukommen.

»Ich hatte schon befürchtet, du wärst ohnmächtig geworden«, sagte Mr. Pendanski. »Du wärst nicht der Erste gewesen!«

»Ich bin fertig!«, sagte Stanley und setzte sich die blutverschmierte Kappe wieder auf den Kopf.

»Gut so«, sagte Mr. Pendanski und streckte ihm die Hand entgegen, doch Stanley tat, als merke er es nicht. Er hatte gar nicht mehr die Kraft dazu.

Mr. Pendanski ließ die Hand wieder sinken und schaute in Stanleys Loch hinunter. »Gut gemacht!«, sagte er. »Willst du mit zurückfahren?«

Stanley schüttelte den Kopf. »Ich laufe.«

Mr. Pendanski stieg in seinen Wagen, ohne Stanleys Trinkflasche zu füllen. Stanley wartete, bis er losgefahren war, dann sah er sich noch einmal sein Loch an. Er wusste, dass es nichts war, worauf man stolz sein konnte, aber er war trotzdem stolz.

Er sammelte sein letztes bisschen Speichel zusammen und spuckte hinein.

8

Viele Menschen glauben nicht an Flüche.

Viele Menschen glauben auch nicht an gelb gefleckte Eidechsen, aber wenn man von einer gebissen wird, dann ist es völlig egal, ob man daran glaubt oder nicht.

Eigentlich ist es schon seltsam, dass die Wissenschaftler diese Eidechsen ausgerechnet nach ihren gelben Flecken benannt haben. Jede Eidechse hat genau elf gelbe Flecken, aber die sind auf der grüngelben Haut kaum zu erkennen.

Die Eidechse ist zwischen sechs und zehn Zoll groß und hat große rote Augen. Streng genommen sind die Augen gelb und nur die Haut um die Augen herum ist rot, aber es ist immer von ihren roten Augen die Rede. Außerdem hat sie noch schwarze Zähne und eine milchig weiße Zunge.

Von ihrem Aussehen her sollte man meinen, Rotaugeneidechse oder Schwarzzahneidechse, vielleicht auch Weißzungeneidechse, wären passendere Namen gewesen.

Wenn nämlich jemals ein Wissenschaftler ihnen so nahe gekommen sein sollte, dass er die gelben Punkte erkennen konnte, dann war er hinterher vermutlich tot.

Die gelb gefleckten Eidechsen leben gern in Löchern, weil die ihnen Schutz vor der Sonne und vor Raubvögeln bieten. Bis zu zwanzig Eidechsen können in so einem Loch leben. Sie haben starke, kräftige Beine und können aus ganz tiefen Löchern herausspringen, um ihre Opfer anzugreifen. Sie fressen kleine Tiere, Insekten, die Dornen bestimmter Kakteen und die Schalen von Sonnenblumenkernen.

9

Stanley stand unter der Dusche und ließ das kalte Wasser über seinen wunden, erhitzten Körper laufen. Vier Minuten Himmel. Den zweiten Tag hintereinander benutzte er keine Seife. Er war einfach zu müde.

Der Duschraum hatte kein Dach und die Wände endeten, außer in den vier Ecken, sechs Zoll über dem Boden. Es gab keinen Abfluss, sondern das Wasser lief einfach unter den Seitenwänden hindurch und verdunstete dann rasch in der Sonne.

Stanley zog sich seine sauberen Sachen an. Dann kehrte er zu seinem Zelt zurück, verstaute die schmutzigen Kleider in seinem Kasten, nahm seinen Stift und die Schachtel mit dem Briefpapier heraus und machte sich auf den Weg zum Aufenthaltsraum.

Auf einem Schild an der Tür stand REC ROOM, als Abkürzung für RECREATION ROOM. Jemand hatte WRECK ROOM daraus gemacht – Bruchbude.

So gut wie alles in diesem Raum war kaputt: das Fernsehgerät, der Spielautomat, die Möbel. Sogar die Menschen sahen kaputt aus, so wie ihre müden Körper auf Stühlen und Sofas hingen.

X-Ray und Deo spielten Billard. Die Oberfläche des Tischs erinnerte Stanley an die Oberfläche des Sees. Sie war übersät mit Kerben und Löchern, weil schon so viele Leute ihre Initialen in den Filz geritzt hatten.

In der gegenüberliegenden Wand war eine Öffnung, vor die jemand einen Ventilator gestellt hatte. Die billige Version einer Klimaanlage. Wenigstens funktionierte der Ventilator.

Als Stanley durch den Raum ging, stolperte er über ein ausgestrecktes Bein.

»He, pass doch auf!«, sagte ein orangeroter Haufen auf einem Stuhl.

»Pass selber auf«, brummte Stanley. Es kümmerte ihn wenig, er war viel zu müde.

»Was hast du gesagt?«, wollte der Haufen wissen.

»Nichts«, sagte Stanley.

Der Haufen erhob sich. Er war fast so groß wie Stanley und um einiges kräftiger. »Und ob du was gesagt hast!« Er drückte seinen breiten Finger in Stanleys Nacken. »Wie war das gleich?«

Sofort stand ein Kreis von Leuten um sie herum.

»Immer mit der Ruhe«, sagte X-Ray. Er legte die Hand auf Stanleys Schulter. »Leg dich nicht mit dem Höhlenmenschen an«, sagte er warnend.

»Der Höhlenmensch ist ein cooler Typ«, sagte Deo.

»Ich wollte keinen Stunk machen«, sagte Stanley. »Ich bin bloß müde, das ist alles.«

Der Haufen grunzte.

X-Ray und Deo brachten Stanley zu einem Sofa hinüber. Torpedo rückte ein Stück zur Seite, um Stanley Platz zu machen.

»Hast du das gesehen da drüben, das mit dem Höhlenmenschen?«, fragte X-Ray.

»Starker Typ, der Höhlenmensch«, sagte Torpedo und boxte Stanley leicht auf den Arm.

Stanley ließ sich in die aufgerissenen Kunststoffpolster sinken. Trotz der Dusche strahlte sein Körper immer noch Hitze aus. »Ich hab nicht damit angefangen«, sagte er.

Das Letzte, wonach ihm zumute war, nachdem er sich den ganzen Tag lang draußen auf dem See fast totgeschuftet hatte, war eine Prügelei mit einem Jungen, der Höhlenmensch genannt wurde. Er war froh, dass X-Ray und Deo ihm beigestanden hatten.

»Und, wie war dein erstes Loch?«, fragte Torpedo.

Stanley stöhnte und die anderen Jungen lachten.

»Na ja, das erste Loch ist am schwersten«, sagte Stanley.

»Voll daneben«, sagte X-Ray. »Das zweite Loch ist viel schlimmer. Da tut dir schon alles weh, bevor du überhaupt nur angefangen hast. Wenn du jetzt glaubst, dass dir alles wehtut, dann wart mal ab, wie es dir morgen früh geht – stimmt's?«

»Stimmt«, sagte Torpedo.

»Außerdem macht's dann auch keinen Spaß mehr«, sagte X-Ray.

»Spaß?«, fragte Stanley.

»Jetzt lüg mich nicht an«, sagte X-Ray. »Wetten, dass du immer schon mal ein tiefes Loch graben wolltest? Hab ich nicht Recht?«

Stanley hatte noch nie darüber nachgedacht, aber X-Ray zu sagen, dass er nicht Recht hatte, so blöd war er auch nicht.

»Alle Kinder auf der Welt wollen irgendwann ein richtig tiefes Loch buddeln«, sagte X-Ray. »Bis nach China, stimmt's?«

»Stimmt«, sagte Stanley.

»Siehst du, hab ich's nicht gesagt?«, meinte X-Ray. »Das war ja meine Rede. Aber jetzt ist es vorbei mit dem Spaß und du musst trotzdem weitermachen, weiter und weiter und weiter.«

»Spaß und Spiel im Feriencamp«, sagte Stanley.

»Was hast du da in der Schachtel?«, wollte Torpedo wissen.

Stanley hatte ganz vergessen, dass er sie mitgebracht hatte. »Ach, bloß Papier. Ich wollte einen Brief an meine Mutter schreiben.«

»Deine Mutter?«, fragte Torpedo und lachte.

»Sie macht sich Sorgen, wenn sie nichts von mir hört.«

Torpedo schnitt eine Grimasse.

Stanley sah sich um. Das hier war der einzige Ort im

ganzen Camp, wo die Jungs ein bisschen Spaß haben konnten, und was hatten sie gemacht? Sie hatten alles ramponiert.

Die Glasscheibe des Fernsehers war zertrümmert, als ob jemand hineingetreten hätte. Jedem Tisch und jedem Stuhl schien zumindest ein Bein zu fehlen. Alles hing schief.

Er wartete solange mit dem Brief, bis Torpedo aufgestanden und zu den anderen an den Billardtisch gegangen war.

Liebe Mom,
heute war mein erster Tag hier im Camp und ich habe bereits ein paar Freunde gefunden. Wir sind den ganzen Tag draußen am See gewesen, deswegen bin ich ziemlich müde. Wenn ich die Schwimmprüfung bestanden habe, kann ich Wasserskilaufen lernen. Ich

Er hörte auf zu schreiben, weil er merkte, dass ihm jemand über die Schulter sah. Er drehte sich um und sah Zero, der hinter dem Sofa stand.

»Ich will nicht, dass sie sich Sorgen um mich macht«, erklärte er.

Zero sagte nichts. Er stand nur da und starrte mit ernster, fast ärgerlicher Miene auf den Brief.

Stanley legte den Bogen zurück in die Schachtel.

»Hatten die Schuhe ein rotes X auf der Sohle?«, fragte Zero.

Stanley brauchte einen Moment, bevor er begriff, dass Zero ihn nach Clyde Livingstons Schuhen fragte.

»Stimmt«, sagte er. Er überlegte, woher Zero das wohl wissen konnte. *Brand X* war eine beliebte Turnschuhmarke. Vielleicht hatte Clyde Livingston ja Werbung dafür gemacht.

Zero starrte ihn einen Moment lang an, genauso eindringlich, wie er vorher den Brief angestarrt hatte.

Stanley bohrte einen Finger in ein Loch in dem Plastiksofa und zog etwas von der Füllung heraus, ohne zu merken, was er tat.

»Auf, Höhlenmensch, es gibt Essen«, sagte Deo.

»Kommst du, Höhlenmensch?«, sagte Torpedo.

Stanley blickte sich um und sah, dass Deo und Torpedo ihn meinten. »Äh, klar«, sagte er. Er legte den Deckel auf die Schachtel mit dem Briefpapier, stand auf und folgte den anderen Jungen hinaus zu den Tischen.

Der Haufen war gar nicht der Höhlenmensch. Er selber war es.

Er hob die linke Schulter und ließ sie wieder sinken. Immer noch besser als Kotztüte.

10

Stanley hatte keine Mühe einzuschlafen, aber der Morgen kam viel zu schnell. Jeder Muskel und jedes Gelenk taten ihm weh, als er versuchte, aus dem Bett zu steigen. Er hätte es nicht für möglich gehalten, aber sein Körper tat ihm mehr weh als am Tag zuvor. Es waren nicht nur die Arme und der Rücken – auch seine Beine, seine Knöchel, die Taille schmerzten. Das Einzige, was ihn aus dem Bett trieb, war die Gewissheit, dass jede Sekunde, die er vergeudete, ihn dem Sonnenaufgang eine Sekunde näher brachte. Er hasste die Sonne.

Beim Frühstück schaffte er es kaum, den Löffel zu heben, und kurz darauf war er wieder draußen auf dem See und hielt statt des Löffels die Schaufel in der Hand. Er fand einen Riss im Boden und begann sein zweites Loch.

Er trat auf das Schaufelblatt und drückte mit der Kuppe seines Daumens auf den Schaft. Das tat weniger weh, als wenn er versuchte, den Schaft mit den Fingern zu halten, die voller Blasen waren.

Dieses Mal passte er beim Graben gut auf, dass er die Erde weit genug von seinem Loch entfernt ablud. Die unmittelbare Umgebung des Lochs würde er später noch brauchen, wenn das Loch tiefer war.

Er wusste allerdings nicht, ob er je so weit kommen würde. X-Ray hatte Recht gehabt. Das zweite Loch war am schwersten. Da war schon fast ein Wunder nötig.

Solange die Sonne noch nicht aufgegangen war, konnte er die Mütze nehmen, um seine Hände zu schützen. Wenn die Sonne erst einmal da war, würde er die Mütze wieder aufsetzen müssen. Am ersten Tag hatte er sich Stirn und Nacken bös verbrannt.

Er versuchte, immer nur an den nächsten Spatenstich zu denken und nicht an die furchtbare Arbeit, die vor ihm lag. Nach einer Stunde oder so hatte er den Eindruck, dass seine schmerzenden Muskeln langsam ein bisschen lockerer wurden.

Er stöhnte, als er sich bemühte, die Schaufel in die Erde zu rammen. Seine Kappe rutschte ihm weg und die Schaufel fiel zu Boden.

Er ließ sie liegen.

Er trank einen Schluck aus seiner Flasche. Vermutlich würde der Wasserwagen bald kommen, aber vorsichtshalber trank er die Flasche nicht ganz leer, für den Fall, dass er sich irrte. Das hatte er schon gelernt, den letzten Tropfen so lange aufzusparen, bis er den Lastwagen sah.

Die Sonne war noch nicht aufgegangen, aber die ersten Strahlen zeigten sich bereits am Horizont und erleuchteten den Himmel.

Er bückte sich, um seine Mütze aufzuheben. Gleich daneben sah er auf einmal einen großen, flachen Stein. Während er die Mütze aufsetzte, schaute er weiter auf den Stein hinunter.

Er hob ihn auf. Es kam ihm so vor, als sähe er die Umrisse eines versteinerten Fisches.

Er rieb etwas von der Erde ab und die Linien des Fisches wurden deutlicher. Die Sonne lugte über den Horizont, und er konnte sogar winzige Linien erkennen, wo einmal die Knochen des Fisches gewesen waren.

Er betrachtete das öde Land ringsumher. Sicher, jeder sprach von diesem Gebiet als dem See, aber es war trotzdem kaum vorstellbar, dass diese Wüste einmal voller Wasser gewesen sein sollte.

Dann fiel ihm ein, was Mr. Sir und Mr. Pendanski gesagt hatten: Wenn er irgendetwas Interessantes ausgrub, sollte er es einem von beiden sagen. Falls es dem Boss gefiel, würde er den Rest des Tages frei bekommen.

Wieder schaute er seinen Fisch an. Das war das Wunder, er hatte es gefunden.

Er grub weiter, wenn auch sehr langsam, während er auf den Wasserwagen wartete. Er wollte vermeiden, dass die anderen auf seinen Fund aufmerksam wurden, weil er Angst hatte, einer der anderen Jungen könnte ihm den Fisch wegnehmen. Er warf den Stein mit der Oberseite nach unten neben seinen Erdhaufen, so als wäre er ohne besonderen Wert. Kurze Zeit später sah er die Staubwolke über den See näherkommen.

Der Wagen hielt und die Jungen stellten sich in einer Reihe auf. Stanley fiel auf, dass sie immer in der gleichen Reihenfolge standen, egal, wer zuerst beim Lastwagen angekommen war. X-Ray stand immer an vorderster Stelle. Dann kamen Deo, Torpedo, Zickzack, Magnet und Zero.

Stanley steckte den Stein in die Hosentasche und stellte sich hinter Zero. Er war froh, ganz hinten zu stehen, so würde keiner sein Fossil bemerken. Der Stein beulte die Hosentasche doch ziemlich aus.

Mr. Pendanski füllte jedem Jungen die Trinkflasche, bis nur noch Stanley übrig war.

»Ich hab was gefunden«, sagte Stanley und nahm den Fisch aus der Tasche.

Mr. Pendanski streckte die Hand nach Stanleys Flasche aus, doch stattdessen reichte Stanley ihm den Stein.

»Was ist das?«

»Das ist ein Fossil«, sagte Stanley. »Sehen Sie den Fisch?«

Mr. Pendanski schaute noch einmal darauf.

»Sehen Sie, hier, man kann sogar all seine kleinen Gräten erkennen«, sagte Stanley.

»Interessant«, sagte Mr. Pendanski. »Jetzt gib mir deine Flasche.«

Stanley reichte sie ihm. Mr. Pendanski füllte sie und gab sie Stanley zurück.

»Bekomme ich jetzt den Rest des Tages frei?«

»Wieso?«

»Sie haben doch gesagt, wenn ich etwas Interessantes finde, dann würde der Boss mir den Rest des Tages frei geben!«

Mr. Pendanski lachte, während er Stanley das Fossil zurückgab. »Tut mir Leid, Stanley. Der Boss interessiert sich nicht für Fossilien.«

»Zeig mal her«, sagte Magnet und nahm Stanley den Stein aus der Hand.

Stanley starrte Mr. Pendanski immer noch an.

»He, Zick, guck bloß mal diesen Stein an!«

»Stark«, sagte Zickzack.

Stanley sah, wie sein Fossil herumgereicht wurde.

»Ich seh gar nichts«, sagte X-Ray. Er nahm seine Brille ab, rieb mit einem Stück seines dreckigen Anzugs darüber und setzte sie wieder auf.

»Nein, wie putzig!«, flötete Deo.

11

Stanley ging zu seinem Loch zurück. Es war einfach nicht fair. Mr. Pendanski hatte selber gesagt, dass sein Fossil interessant sei. Er rammte die Schaufel in den Boden und holte eine neue Ladung Erde hoch.

Nach einer Weile merkte er, dass X-Ray neben ihm stand und ihm zusah.

»He, Höhlenmensch, ich muss dich mal kurz sprechen«, sagte X-Ray.

Stanley legte die Schaufel aus der Hand und kam aus seinem Loch.

»Hör mal«, sagte X-Ray, »wenn du noch mal was findest, dann gibst du's mir, verstanden?«

Stanley wusste nicht richtig, was er sagen sollte. X-Ray war eindeutig der Anführer der Gruppe, und Stanley hatte keine Lust, es sich mit ihm zu verderben.

»Du bist noch neu hier, stimmt's?«, sagte X-Ray. »Ich bin schon fast ein Jahr hier. Ich hab noch nie was gefunden. Ich kann nämlich nicht besonders gut sehen. Keiner weiß es, aber soll ich dir sagen, wo der Name X-Ray in Wirklichkeit herkommt?«

Stanley zuckte mit einer Schulter.

»X-Ray ist Rex in unserer Geheimsprache – Schweine-latein. Man lässt den ersten Buchstaben weg und hängt ihn hinten dran, zusammen mit ay. Das ist alles. Um irgendwas zu finden, bin ich viel zu blind.«

Stanley erinnerte sich vage an diese Geheimsprache.

»Was ich damit sagen will«, fuhr X-Ray fort, »ist dies: Wieso solltest du einen freien Tag kriegen, wo du doch erst ein paar Tage hier bist? Wenn hier jemand einen freien Tag kriegt, dann doch wohl ich. Ist doch nur gerecht, oder?«

»Vermutlich«, stimmte Stanley ihm zu.

X-Ray lächelte. »Du bist ein braver Junge, Höhlen-mensch.«

Stanley griff wieder nach seiner Schaufel.

Je länger er darüber nachdachte, desto erleichterter war er, dass er akzeptiert hatte, dass X-Ray alles bekommen sollte, was er eventuell finden würde. Wenn er in Camp Green Lake überleben wollte, dann war es viel wichtiger, dass X-Ray ihn okay fand, als dass er irgend-wann einen freien Tag hatte. Abgesehen davon rechne-te er auch nicht damit, dass er irgendwas finden würde. Vermutlich gab es da draußen sowieso nichts, was irgendwie »interessant« sein könnte, und selbst wenn – ein Glückspilz war er noch nie gewesen.

Er rammte das Metall in den Boden und lud wieder eine Schaufel voll Erde ab. Eigentlich war es schon ein bisschen überraschend, dachte er, dass ausgerechnet X-Ray der Anführer der Gruppe war; schließlich war er weder der Größte noch der Robusteste. Von Zero mal abgesehen war X-Ray sogar der Kleinste. Der Größte war Deo. Zickzack war womöglich sogar noch größer als Deo, aber nur wegen seinem Hals. Aber trotz allem schienen Deo und die anderen bereit zu sein, alles zu tun, was X-Ray verlangte.

Als Stanley die nächste Schaufel mit Erde hochholte, fiel ihm auf einmal ein, dass Deo gar nicht der Größte war. Er, der Höhlenmensch, war größer.

Er war froh, dass sie ihn Höhlenmensch nannten. Das bedeutete, dass sie ihn als Mitglied der Gruppe akzeptierten. Selbst wenn sie ihn Kotztüte genannt hätten, wäre er froh gewesen.

Es war wirklich ganz erstaunlich, fand er. In der Schule hatten es immer solche brutalen Typen wie Derrick Dunne auf ihn abgesehen. Aber selbst ein Derrick Dunne würde sich in die Hose machen, wenn er es mit einem der Jungen hier zu tun bekäme.

Während er sein Loch grub, dachte Stanley darüber nach, wie es wäre, wenn Derrick Dunne gegen Deo oder Torpedo kämpfen müsste. Derrick hätte nicht die geringste Chance.

Er stellte sich vor, wie es wäre, wenn er sich mit allen hier anfreunden würde und sie später aus irgendeinem Grund zur selben Schule gehen würden wie er und wenn Derrick Dunne dann versuchen würde, ihm das Hausaufgabenheft wegzunehmen …

»Was hast du dir eigentlich dabei gedacht?«, fragt Torpedo und zielt mitten in Derricks glatte Visage.

»Der Höhlenmensch ist nämlich unser Freund«, sagt Deo und packt Derrick beim Kragen.

Stanley spielte die Szene immer wieder im Kopf durch, und jedesmal stellte er sich einen anderen Jungen aus Gruppe D dabei vor, wie er Derrick Dunne verdrosch. So fiel ihm das Graben leichter und er spürte den Schmerz weniger. Egal, wie weh es ihm tat – was Derrick erlitt, war zehnmal schlimmer.

12

Wieder war Stanley der Letzte, der mit seinem Loch
fertig war. Es war schon später Nachmittag, als er sich
zu den Zelten zurückschleppte. Wenn ihm jetzt jemand
angeboten hätte, im Wasserwagen mitzufahren, hätte er
nicht nein gesagt.

Als er ins Zelt kam, saß Mr. Pendanski mit den
anderen Jungen in einem Kreis am Boden.

»Willkommen, Stanley«, sagte Mr. Pendanski.

»Hallo, Höhlenmensch. Hast du dein Loch fertig gekriegt?«, fragte Magnet.

Er schaffte es zu nicken.

»Hast du auch reingespuckt?«, fragte Torpedo.

Wieder nickte er. »Du hast Recht gehabt«, sagte er zu
X-Ray. »Das zweite Loch ist am schwersten.«

X-Ray schüttelte den Kopf. »Das dritte Loch ist das
schwerste«, sagte er.

»Komm, setz dich zu uns in den Kreis«, sagte Mr.
Pendanski.

Stanley ließ sich zwischen Torpedo und Magnet fallen. Vor dem Duschen brauchte er erst mal eine Pause.

»Wir haben darüber gesprochen, was wir aus unserem Leben machen wollen«, sagte Mr. Pendanski. »Wir werden ja nicht für immer hier in Camp Green Lake bleiben, und wir müssen uns vorbereiten auf den Tag, an dem wir von hier weggehen und uns der übrigen Gesellschaft wieder anschließen.«

»He, das ist ja stark, Mom!«, sagte Magnet. »Heißt das, dass sie uns tatsächlich irgendwann hier rauslassen?«

Die anderen Jungen lachten.

»Na schön, José«, sagte Mr. Pendanski, »was möchtest *du* mit deinem Leben anfangen?«

»Keine Ahnung«, sagte Magnet.

»Du solltest dir aber Gedanken darüber machen«, meinte Mr. Pendanski. »Es ist wichtig, dass man Ziele hat. Andernfalls endest du gleich wieder im Knast. Was *würdest* du denn gern machen?«

»Keine Ahnung«, sagte Magnet.

»Es muss doch irgendetwas geben, das dir gefällt.«

»Ich mag Tiere«, sagte Magnet.

»Gut«, sagte Mr. Pendanski. »Fällt jemandem eine Arbeit ein, bei der man mit Tieren zu tun hat?«

»Tierarzt«, sagte Deo.

»Richtig«, sagte Mr. Pendanski.

»Er könnte im Zoo arbeiten«, schlug Zickzack vor.

»Da gehört er auch hin«, meinte Torpedo und er und X-Ray lachten.

»Was ist mit dir, Stanley? Hast du irgendeine Idee, was José werden könnte?«

Stanley seufzte. »Dompteur«, sagte er dann. »Im Zirkus, oder beim Film oder so was Ähnliches.«

»Klingt irgendeiner von diesen Vorschlägen so, als könnte dir das Spaß machen, José?«, fragte Mr. Pendanski.

»Ja, was der Höhlenmensch gesagt hat, das gefällt mir. Tiere für Filme dressieren. Affen dressieren, das wäre bestimmt lustig.«

X-Ray lachte.

»Lach nicht, Rex«, sagte Mr. Pendanski. »Wir lachen nicht über die Träume der anderen. Irgendwer muss schließlich Affen für Filme dressieren.«

»Wen wollen Sie jetzt eigentlich auf den Arm nehmen, Mom?«, fragte X-Ray. »Aus Magnet wird doch nie ein Affendompteur!«

»Das weißt du nicht«, antwortete Mr. Pendanski. »Ich habe nicht gesagt, dass es einfach sein wird. Nichts im Leben ist einfach. Aber das ist noch lange kein Grund aufzugeben. Du wirst dich wundern, wie viel man erreichen kann, wenn man es sich nur fest genug vornimmt. Ihr habt nur ein einziges Leben, also solltet ihr euch bemühen, das Beste daraus zu machen.«

Stanley überlegte, was er wohl sagen würde, falls Mr. Pendanski ihn fragen sollte, was er aus seinem Leben machen wollte. Eigentlich hatte er immer vorgehabt, mal für das FBI zu arbeiten, aber dies hier schien nicht der geeignete Ort, um das zu erwähnen.

»Bis jetzt habt ihr euch alle nach Kräften bemüht, euer Leben zu vermurksen«, sagte Mr. Pendanski. »Ich weiß, ihr findet euch cool.« Er sah Stanley an. »So, du bist also der Höhlenmensch, stimmt's? Macht es dir Spaß, Löcher zu buddeln?«

Stanley wusste nicht, was er sagen sollte.

»Ich will dir mal was sagen, Höhlenmensch. Dass du hier bist, das verdankst du einem einzigen Menschen. Ohne diesen Menschen müsstest du hier nicht in der prallen Sonne Löcher graben. Weißt du, wer dieser Mensch ist?«

»Mein Ururgroßvater, dieser elende Tunichtgut und Schweinedieb.«

Die anderen Jungen grölten vor Lachen.

Sogar Zero lächelte.

Es war das erste Mal, dass Stanley Zero hatte lächeln sehen. Normalerweise sah er immer ärgerlich aus. Jetzt lächelte er so breit, dass sein Gesicht fast nicht breit genug war dafür. Es war wie das Grinsen eines Kürbiskopfes an Halloween.

»Nein«, sagte Mr. Pendanski. »*Du* bist dieser Mensch, Stanley. Du bist der Grund, weswegen du hier bist. Du bist für dich selbst verantwortlich. Du hast dein Leben vermurkst, und es liegt an dir, es wieder in den Griff zu kriegen. Kein anderer kann das für dich tun – für keinen von euch.«

Mr. Pendanski schaute von einem Jungen zum anderen. »Jeder von euch ist auf seine Weise etwas Besonderes«, sagte er. »Jeder von euch hat etwas zu bieten. Überlegt euch, was ihr tun wollt, und dann tut es. Sogar du, Zero. Auch du bist nicht völlig wertlos.«

Das Lächeln war aus Zeros Gesicht verschwunden.

»Was willst du aus deinem Leben machen?«, fragte ihn Mr. Pendanski.

Zeros Mund war fest verschlossen. Er starrte Mr. Pendanski an und seine dunklen Augen schienen immer größer zu werden.

»Na, wie ist es, Zero?«, fragte Mr. Pendanski. »Was tust du gern?«

»Ich grabe gern Löcher.«

13

Viel zu bald war Stanley wieder draußen auf dem See und hieb seine Schaufel in den Boden. X-Ray hatte Recht gehabt: Das dritte Loch war das schwerste. Aber genauso war es mit dem vierten Loch. Und dem fünften. Und dem sechsten. Und dem ...

Er rammte die Schaufel in die Erde.

Nach einiger Zeit wusste er nicht mehr, welcher Wochentag eigentlich war und wie viele Löcher er schon gegraben hatte. Es kam ihm so vor, als wäre alles zusammen ein einziges, riesiges Loch, für das er anderthalb Jahre brauchen würde. Er nahm an, dass er mindestens fünf Pfund abgenommen hatte. In anderthalb Jahren würde er sicher in Topform sein. Oder tot.

Er rammte die Schaufel in die Erde.

Es konnte ja nicht immer so heiß bleiben wie jetzt, dachte er. Bestimmt würde es im Dezember kälter sein. Vielleicht würden sie dann frieren.

Er rammte die Schaufel in die Erde.

Seine Haut war dicker geworden. Es tat ihm schon nicht mehr so weh, die Schaufel zu halten.

Während er aus seiner Flasche trank, schaute er zum

Himmel hoch. Am Morgen hatte sich eine Wolke gezeigt. Es war das erste Mal, dass er eine Wolke gesehen hatte, seit er nach Camp Green Lake gekommen war. Den ganzen Tag lang hatten er und die anderen Jungen immer wieder nach ihr geschaut und gehofft, sie würde sich vor die Sonne schieben. Gelegentlich war sie sogar ganz nah daran gewesen, aber sie trieb wohl nur ein Spielchen mit ihnen.

Mittlerweile reichte ihm sein Loch bis zur Taille. Wieder hieb er die Schaufel hinein. Als die Erde hinausflog und auf dem Haufen landete, kam es ihm vor, als habe er etwas glitzern sehen. Was immer es gewesen sein mochte, es war gleich wieder unter Erde verschwunden.

Einen Moment lang starrte Stanley auf seinen Haufen. Er war sich nicht sicher, ob er überhaupt etwas gesehen hatte. Und selbst wenn da etwas war – was würde es ihm schon nützen? Er hatte ja versprochen, alles, was er fand, X-Ray zu geben. Da lohnte sich wohl kaum die Anstrengung, aus dem Loch zu klettern und nachzusehen.

Er spähte hinauf zu der Wolke, die inzwischen so nah an der Sonne war, dass er die Augen zusammenkneifen musste, um sie sehen zu können.

Wieder hieb er die Schaufel in den Boden, brach etwas Erde heraus und hob sie mit der Schaufel hoch. Aber anstatt sie auf seinem Haufen abzuladen, warf er sie daneben. Seine Neugier hatte gesiegt.

Er stieg aus seinem Loch und fuhr mit den Fingern durch den Sand. Er fühlte etwas Hartes, Metallenes.

Er zog es heraus. Es war ein goldenes Röhrchen, etwa so lang und so breit wie der Zeigefinger seiner rechten Hand. Das Röhrchen war an einer Seite offen, an der anderen geschlossen. Er nahm ein paar Tropfen seines kostbaren Wassers, um es sauber zu wischen.

Es kam ihm so vor, als ob am flachen, geschlossenen Ende des Röhrchens etwas eingeritzt sei. Er goss noch ein paar Tropfen Wasser darauf und rieb es an der Innenseite seiner Hosentasche trocken.

Er besah sich noch einmal das Muster, das in den flachen Boden des Röhrchens eingraviert war. Er konnte die Umrisse eines Herzens erkennen, in dem die Buchstaben *K B* zu lesen waren.

Er überlegte, was er machen könnte, damit er es nicht X-Ray geben müsste. Er konnte es natürlich einfach behalten, aber das nützte ihm ja nichts. Er wollte einen freien Tag.

Er warf einen Blick hinüber zu den großen Erdhaufen in der Nähe von X-Rays Loch. X-Ray war wahrscheinlich schon fast fertig für heute. Den Rest des Tages frei zu bekommen würde ihm kaum noch etwas bringen. Zuerst würde X-Ray das Röhrchen Mr. Sir oder Mr. Pendanski zeigen müssen und die wiederum müssten es dem Boss zeigen. Bis dahin wäre X-Ray vermutlich sowieso fertig.

Stanley überlegte, ob er mit dem Röhrchen heimlich direkt zum Boss gehen sollte. Er könnte ihm die Situation erklären, und der Boss konnte dann irgendeine Ausrede finden, um ihm den Tag frei zu geben, so dass X-Ray keinen Verdacht schöpfen würde.

Er blickte über den See hinüber zu der Hütte unter den Eichen. Der Ort machte ihm Angst. Er war jetzt seit fast zwei Wochen in Camp Green Lake, aber den Boss hatte er noch nicht ein einziges Mal zu Gesicht bekommen. Es war ihm auch egal. Wenn es nach ihm ging, konnte er gut und gern auch die ganzen anderthalb Jahre hier verbringen, ohne ihn zu sehen.

Außerdem wusste er ja gar nicht, ob der Boss das Röhrchen »interessant« finden würde. Er schaute es wieder an. Irgendwie kam es ihm bekannt vor. Er dachte, dass er so etwas Ähnliches schon einmal irgendwo gesehen hatte, aber er kam nicht darauf, wo.

»Was hast du da, Höhlenmensch?«, fragte Zickzack.

Stanley schloss seine große Hand um das Röhrchen. »Nichts, nur – ähm ...« Es war zwecklos. »Kann sein, dass ich was gefunden habe.«

»Schon wieder so ein Fossil?«

»Nein, keine Ahnung, was es ist.«

»Zeig mal her!«, sagte Zickzack.

Statt es Zickzack zu zeigen, brachte Stanley das Röhrchen zu X-Ray. Zickzack kam hinterher.

X-Ray sah sich das Röhrchen an, wischte mit seinem dreckigen Hemd über seine dreckigen Brillengläser und schaute noch mal. Einer nach dem anderen ließen die anderen Jungs ihre Schaufeln fallen und kamen herüber, um zu sehen, was es da gab.

»Sieht aus wie eine alte Munitionshülse«, meinte Torpedo.

»Ja, so was wird es wohl sein«, sagte Stanley. Er beschloss, die Gravierung am Boden nicht zu erwähnen. Vielleicht würde sie ja keiner bemerken. X-Ray konnte sie vermutlich gar nicht erkennen.

»Nein, für eine Patronenhülse ist es zu lang und zu dünn«, sagte Magnet.

»Wahrscheinlich ist es eh nur Schrott«, sagte Stanley.

»Na, auf jeden Fall werde ich es mal Mom zeigen«, sagte X-Ray. »Mal sehen, was er davon hält. Wer weiß – vielleicht krieg ich ja den Tag frei.«

»Dein Loch ist doch fast fertig«, sagte Stanley.

»Na und?«

Stanley zuckte mit den Achseln. »Wieso wartest du nicht bis morgen und zeigst es Mom dann?«, schlug er vor. »Du kannst doch so tun, als ob du es früh am

Morgen gleich als Erstes gefunden hättest. Dann kannst du den ganzen Tag frei kriegen, statt heute Nachmittag ein oder zwei Stunden.«

X-Ray grinste. »Ganz schön clever, Höhlenmensch.« Er ließ das Röhrchen in der großen Tasche an seinem dreckigen, orangeroten rechten Hosenbein verschwinden.

Stanley kehrte zu seinem Loch zurück.

Als der Wasserwagen kam, wollte Stanley wie immer seinen Platz am Ende der Reihe einnehmen, aber X-Ray sagte, er solle sich hinter Magnet stellen, vor Zero.

Stanley war einen Platz aufgestiegen.

14

Als Stanley am Abend auf seinem kratzigen, stinkenden Bett lag, überlegte er hin und her, was er hätte anders machen können, aber es fiel ihm nichts ein. Da war er einmal in diesem Leben, in dem er schon so viel Pech gehabt hatte, im richtigen Moment am richtigen Ort, und es hatte ihm trotzdem nichts genützt.

»Hast du's?«, fragte er X-Ray am nächsten Morgen beim Frühstück.

X-Ray sah ihn aus noch halb geschlossenen Augen durch die verschmierten Brillengläser hindurch an. »Ich hab keine Ahnung, was du meinst«, knurrte er.

»Du weißt doch …«, sagte Stanley.

»Nein, ich weiß gar nichts!«, blaffte X-Ray ihn an. »Und jetzt lass mich in Ruhe, verstanden? Ich will nicht mit dir reden.«

Stanley sagte kein Wort mehr.

Mr. Sir ging mit den Jungen hinaus auf den See. Den ganzen Weg über kaute er Sonnenblumenkerne und spuckte die Schalen in die Gegend. Mit dem Stiefelabsatz markierte er die Stellen, an denen die Jungen graben sollten.

Stanley stampfte mit dem Fuß auf die Kante seines Schaufelblatts, um die harte, trockene Erde aufzubrechen. Es ging ihm nicht in den Kopf, wieso X-Ray ihn so angeblafft hatte. Wenn er gar nicht vorhatte, das Röhrchen vorzuzeigen, wozu hatte Stanley es ihm dann gegeben? Wollte X-Ray es einfach behalten? Das Röhrchen war zwar goldfarben, aber Stanley bezweifelte, dass es aus echtem Gold war.

Kurz nach Sonnenaufgang kam der Wasserwagen. Stanley trank die letzten Tropfen und stieg aus seinem Loch. Um diese Tageszeit konnte er manchmal auf der anderen Seite des Sees in weiter Ferne Hügel oder Berge erkennen. Sie waren nur für kurze Zeit sichtbar und verschwanden dann bald hinter einem Nebel aus Staub und Hitze.

Der Wagen hielt und die Staubwolke zog vorbei. X-Ray nahm seinen Platz ganz vorn in der Reihe ein. Mr. Pendanski füllte ihm die Flasche. »Danke, Mom«, sagte X-Ray. Das Röhrchen erwähnte er nicht.

Mr. Pendanski füllte sämtliche Flaschen und stieg dann wieder ins Führerhaus seines Pick-ups. Er musste auch der Gruppe E noch Wasser bringen. Stanley konnte sie in etwa zweihundert Yards Entfernung graben sehen.

»Mr. Pendanski!«, brüllte X-Ray aus seinem Loch. »Halt! Mr. Pendanski! Warten Sie! Ich glaube, ich hab was gefunden!«

Die anderen Jungen kamen alle hinter Mr. Pendanski her, als er zu X-Rays Loch hinüberging. Aus einem Häufchen Erde am Rand von X-Rays Schaufel sah Stanley das Goldröhrchen herausragen.

Mr. Pendanski betrachtete es von allen Seiten. Besonders den flachen Boden sah er lange an. »Ich glaube, das wird dem Boss gefallen.«

»Bekommt X-Ray jetzt den Tag frei?«, wollte Torpedo wissen.

»Grabt einfach weiter, bis irgendjemand euch etwas anderes sagt«, antwortete Mr. Pendanski. Dann lächelte er. »Aber wenn ich du wäre, Rex, dann würde ich mich nicht mehr allzu sehr ins Zeug legen.«

Stanley sah der Staubwolke hinterher, die sich langsam über den See hinüber entfernte, dorthin, wo zwischen den Bäumen die Hütte stand.

Die Jungen aus Gruppe E mussten eben warten.

Es dauerte nicht lange, bis der Pick-up zurückkam. Mr. Pendanski kletterte aus dem Führerhaus. Auf der Beifahrerseite stieg eine große Frau mit roten Haaren aus. Da Stanley unten in seiner Grube stand, schien sie ihm noch größer, als sie eigentlich war. Sie trug einen schwarzen Cowboyhut und schwarze Cowboystiefel, die mit türkisen Steinen besetzt waren. Die Ärmel ihrer Hemdbluse waren aufgerollt, und Stanley sah, dass ihre Arme, ebenso wie ihr Gesicht, voller Sommersprossen waren. Sie ging direkt auf X-Ray zu.

»War das hier, wo du es gefunden hast?«

»Ja, Ma'am.«

»Gut gemacht. Dafür bekommst du eine Belohnung.«
Sie wandte sich an Mr. Pendanski. »Fahren Sie X-Ray
zurück zum Camp. Lassen Sie ihn doppelt so lang
duschen wie sonst und geben Sie ihm saubere Sachen
zum Anziehen. Aber zuerst möchte ich, dass Sie sämtliche Wasserflaschen füllen.«

»Ich habe sie eben erst gefüllt«, sagte Mr. Pendanski.

Die Frau sah ihn streng an. »Pardon?« Ihre Stimme war
sanft.

»Ich hatte sie eben gefüllt, als Rex …«

»Pardon«, sagte die Frau wieder, »hatte ich Sie gefragt,
wann Sie die Flaschen zuletzt gefüllt haben?«

»Nein, ich meinte nur …«

»Pardon?«

Mr. Pendanski verstummte. Die Frau winkte ihn mit
dem Zeigefinger zu sich. »Es ist heiß und wird eher
noch heißer werden«, sagte sie. »Diese Jungs hier haben
schwer gearbeitet. Glauben Sie nicht, dass es möglich
sein könnte, dass sie vielleicht etwas getrunken haben,
seit Sie ihnen zuletzt die Flaschen gefüllt haben?«

Mr. Pendanski schwieg.

Die Frau wandte sich an Stanley. »Höhlenmensch,
würdest du bitte mal herkommen?«

Stanley war überrascht, dass sie seinen Namen kannte. Er hatte sie doch noch nie gesehen. Bis sie aus dem

Wagen gestiegen war, hatte er nicht einmal gewusst, dass der Boss eine Frau war.

Er war nervös, als er zu ihr hinüberging.

»Mr. Pendanski und ich hatten gerade eine kleine Auseinandersetzung. Hast du schon etwas getrunken, seit Mr. Pendanski dir zuletzt die Flasche gefüllt hat?«

Stanley wollte Mr. Pendanski keinen Ärger machen. »Ich hab noch 'ne ganze Menge«, sagte er.

»Pardon?«

Stanley verbesserte sich. »Ja, ich hab was getrunken.«

»Danke. Dürfte ich bitte mal deine Flasche haben?«

Stanley reichte sie ihr. Ihre Fingernägel waren dunkelrot lackiert.

Sie schüttelte die Flasche sanft, so dass das Wasser in dem Plastikbehälter hin- und herschwappte. »Hören Sie, dass die Flasche nicht mehr voll ist?«, fragte sie.

»Ja«, sagte Mr. Pendanski.

»Dann füllen Sie sie«, antwortete die Chefin. »Und wenn ich Ihnen das nächste Mal etwas sage, dann erwarte ich, dass Sie es auch tun, ohne meine Autorität in Frage zu stellen. Wenn es Ihnen zu viel Mühe macht, eine Trinkflasche zu füllen, dann bekommen Sie von mir eine Schaufel. Dann dürfen *Sie* das Loch graben und der Höhlenmensch kann *Ihnen* die Flasche füllen.« Sie wandte sich wieder an Stanley. »Das würde dir doch sicher nicht zu viel Mühe machen, oder?«

»Nein«, sagte Stanley.

»Nun, wie haben Sie sich entschieden?«, fragte sie Mr. Pendanski. »Möchten Sie die Flaschen füllen oder möchten Sie lieber graben?«

»Die Flaschen füllen«, sagte Mr. Pendanski.

»Danke sehr.«

15

Mr. Pendanski füllte die Wasserflaschen.

Die Chefin holte eine Heugabel von der Ladefläche des Pick-ups und ging damit den Erdhaufen neben X-Rays Loch durch, um zu sehen, ob sich darin vielleicht noch etwas anderes verbarg.

»Wenn Sie X-Ray zurückgebracht haben, bringen Sie mir drei Schubkarren her«, sagte sie zu Mr. Pendanski.

X-Ray stieg zu Mr. Pendanski in den Wagen. Als sie losfuhren, lehnte er sich aus dem Fenster und winkte.

»Zero«, sagte die Chefin, »ich will, dass du X-Rays Loch übernimmst.« Sie schien zu wissen, dass Zero am schnellsten graben konnte.

»Deo und Torpedo, ihr grabt da weiter, wo ihr angefangen habt. Aber ihr bekommt jeder einen Helfer. Zickzack, du hilfst Deo. Magnet hilft Torpedo. Höhlenmensch, du arbeitest mit Zero zusammen. Die Erde wird immer zweimal bewegt. Zero gräbt das Loch und der Höhlenmensch schaufelt die Erde anschließend vorsichtig in einen Schubkarren. Genauso machen es Zickzack und Deo, Magnet und Torpedo. Wir wollen nichts übersehen. Wenn einer von euch etwas findet, bekommt ihr beide den Rest des Tages frei und dürft doppelt so lange duschen. Wenn die Schubkarren voll sind, kippt ihr sie außerhalb dieses Gebiets aus. Wir wollen nicht, dass uns hier irgendwelche Erdhaufen im Weg sind.«

Den Rest des Tages blieb die Chefin an Ort und Stelle, zusammen mit Mr. Pendanski und Mr. Sir, der nach einer Weile ebenfalls aufgetaucht war. Von Zeit zu Zeit brachte Mr. Sir Wasser zu den anderen Gruppen, aber ansonsten rührte er sich mit seinem Wasserwagen nicht von der Stelle. Die Chefin sorgte dafür, dass in Gruppe D niemand Durst zu haben brauchte.

Stanley befolgte die Anweisungen genau. Sorgfältig sah er die Erde durch, die Zero aus dem Loch warf, und schaufelte sie in einen Schubkarren, obwohl er wusste, dass er nichts finden würde.

Immerhin war es leichter, als selbst ein Loch zu graben. Wenn der Schubkarren voll war, rollte er ihn ein gutes Stück weit weg, bevor er ihn ausleerte.

Die Chefin konnte nicht still stehen. Ständig lief sie herum, schaute den Jungen über die Schulter und ging mit ihrer Heugabel die Erde durch. »Gut machst du das, wirklich«, sagte sie zu Stanley.

Nach einer Weile sollten die Jungen die Plätze tauschen, so dass Stanley, Zickzack und Magnet gruben, während Zero, Deo und Torpedo die Erde in die Schubkarren schaufelten.

Nach dem Imbiss stieg Zero wieder ins Loch, während Stanley an den Schubkarren zurückkehrte. »Wir haben keine Eile«, wiederholte die Chefin mehrfach. »Wichtig ist nur, dass wir nichts übersehen.«

Die Jungen gruben, bis jedes Loch gut sechs Fuß tief und sechs Fuß breit war. Aber es war immer noch besser, zu zweit sechs Fuß tief zu graben als allein fünf Fuß tief.

»Nun gut, für heute soll's genug sein«, sagte die Chefin. »Ich habe so lange gewartet, da kann ich auch noch bis morgen warten.«

Mr. Sir fuhr sie zu ihrer Hütte zurück.

»Ich frag mich nur, woher sie alle unsere Namen kennt«, meinte Stanley, als sie zum Camp zurückliefen.

»Sie beobachtet uns die ganze Zeit«, sagte Zickzack. »Sie hat überall versteckte Mikrofone und Kameras eingebaut. In den Zelten, im Aufenthaltsraum und in den Duschen.«

»In den Duschen auch?«, fragte Stanley. Er fragte sich, ob Zickzack nicht schon an Verfolgungswahn litt.

»Die Kameras sind winzig«, erklärte Deo. »Nicht größer als der Nagel von deinem kleinen Zeh!«

Stanley bezweifelte das. Er konnte sich nicht vorstellen, dass man so kleine Kameras herstellen konnte. Mikrofone vielleicht.

Jetzt wurde ihm auch klar, warum X-Ray morgens beim Frühstück nicht mit ihm über das Goldröhrchen reden wollte. Er hatte Angst gehabt, dass die Chefin sie belauschte.

Eines war jedenfalls sicher: Sie gruben diese Löcher nicht bloß, um ihren Charakter zu festigen. Sie suchten eindeutig nach etwas.

Aber wonach auch immer sie suchten, sie suchten am falschen Ort.

Stanley blickte über den See hinaus, dorthin, wo er gestern gegraben hatte, als er das Goldröhrchen gefunden hatte. Er grub die Stelle tief in sein Gedächtnis ein.

16

Als Stanley den Aufenthaltsraum betrat, schallte ihm vom anderen Ende X-Rays Stimme entgegen.

»Das hab ich doch gleich gesagt«, sagte X-Ray. »Stimmt's oder hab ich Recht?«

Die übrigen Gestalten im Raum waren kaum mehr als schlaffe Säcke aus Haut und Knochen, die über ramponierten Stühlen und Sofas hingen. X-Ray dagegen war quietschvergnügt; er lachte und gestikulierte mit den Armen beim Sprechen. »Holla, Höhlenmensch, komm her, alter Junge!«, brüllte er zur Tür herüber.

Stanley durchquerte den Raum.

»He, rück mal ein Stück, Torpedo«, sagte X-Ray. »Mach Platz für den Höhlenmensch!«

Stanley ließ sich aufs Sofa fallen.

In der Dusche hatte er sich nach einer versteckten Kamera umgesehen. Er hatte aber nichts gesehen – die Chefin hoffentlich auch nicht.

»Was ist eigentlich los, Jungs?«, fragte X-Ray. »Seid ihr müde oder was?« Er lachte.

»Komm schon, mach halblang, bitte«, stöhnte Zickzack. »Ich will was im Fernsehen sehen.«

Stanley warf einen unsicheren Blick auf Zickzack, der wie gebannt auf den zertrümmerten Bildschirm des Fernsehers starrte.

Am nächsten Morgen begrüßte die Chefin die Jungen beim Frühstück und ging mit ihnen zu den Löchern hinüber. Vier sollten graben, drei kümmerten sich um die Schubkarren. »Schön, dass du da bist, X-Ray«, sagte sie. »Heute brauchen wir deine scharfen Augen.«

Stanley verbrachte mehr Zeit mit der Schubkarre als mit Graben, weil er so langsam grub. Er fuhr die Erde weg, die nicht mehr gebraucht wurde, und kippte sie in Löcher, die sie früher mal ausgehoben hatten. Er achtete allerdings gut darauf, nichts in das Loch zu kippen, in dem das Goldröhrchen tatsächlich aufgetaucht war.

Er sah es immer noch vor sich. Es kam ihm irgendwie bekannt vor, aber es fiel ihm einfach nicht ein, wieso. Vielleicht war es ja die Kappe eines vornehmen Goldfüllers gewesen. *K B* könnten die Initialen eines berühmten Schriftstellers gewesen sein. Aber die einzigen berühmten Schriftsteller, die ihm einfielen, waren Charles Dickens, William Shakespeare und Mark Twain. Außerdem sah das Röhrchen auch nicht ganz wie eine Füllerkappe aus.

Um die Frühstückspause herum wurde die Chefin langsam ungeduldig. Sie drängte sie, schneller zu essen, damit sie wieder zurück an die Arbeit konnten.

»Wenn Sie es nicht schaffen, die Jungen dazu zu kriegen, schneller zu arbeiten«, erklärte sie Mr. Sir, »dann müssen Sie eben selbst runtersteigen und mitgraben.«

Danach arbeiteten sie alle schneller, vor allem, wenn Mr. Sir ihnen auf die Finger sah. Stanley rannte fast, wenn er die Schubkarre schob. Mr. Sir erinnerte sie immer wieder daran, dass sie hier nicht bei den Pfadfinderinnen seien.

Sie hörten erst auf zu graben, als die anderen Gruppen schon alle zurückgegangen waren.

Später, als Stanley sich auf einen Sessel gefläzt hatte, dem größtenteils die Polsterfüllung fehlte, überlegte er, ob es irgendeine Möglichkeit gäbe, der Chefin zu sagen, wo das Röhrchen tatsächlich aufgetaucht war, ohne dass er damit sich selbst oder X-Ray in Schwierigkeiten brachte. Es fiel ihm aber nichts ein. Er dachte sogar daran, sich nachts hinauszuschleichen und selbst an dem Loch weiterzugraben. Aber auch noch nachts zu graben, nachdem er schon den ganzen Tag gegraben hatte, war nun wirklich das Letzte, was er wollte. Abgesehen davon waren die Schaufeln nachts weggeschlossen, vermutlich deswegen, damit sie nicht als Waffen benutzt werden konnten.

Mr. Pendanski betrat den Aufenthaltsraum. »Stanley«, rief er, während er auf ihn zukam.

»Der heißt Höhlenmensch«, sagte X-Ray.

»Stanley«, sagte Mr. Pendanski.

»Ich heiße Höhlenmensch«, sagte Stanley.

»Also, ich habe hier einen Brief für jemanden namens Stanley Yelnats«, sagte Mr. Pendanski. Er drehte den Umschlag, den er in der Hand hielt, um. »Von einem Höhlenmenschen steht hier nirgends was.«

»Öh – danke«, sagte Stanley und nahm den Brief.

Er war von seiner Mutter.

»Von *wem* ist der?«, fragte Torpedo. »Von deiner *Mutter?*«

Stanley steckte den Brief in die große Tasche an seinem Hosenbein.

»Willst du ihn uns nicht vorlesen?«, fragte Deo.

»Lasst ihn in Ruhe, Jungs«, sagte X-Ray. »Wenn der Höhlenmensch uns den Brief nicht vorlesen will, dann muss er's auch nicht. Wahrscheinlich ist er von seiner Braut.«

Stanley musste grinsen.

Er las den Brief später, als die anderen schon zum Essen gegangen waren.

Lieber Stanley,
wir haben uns so gefreut, von dir zu hören. Als dein Brief kam, bin ich mir vorgekommen wie eine von den Müttern, die es sich leisten können, ihre Kinder im Sommer ins Feriencamp zu schicken. Ich weiß, es ist

nicht dasselbe, aber ich bin sehr stolz auf dich, dass du dich bemühst, aus einer schwierigen Lage das Beste zu machen. Wer weiß – vielleicht ist das alles doch noch zu irgendetwas gut.

Dein Vater glaubt, dass sein Turnschuhprojekt kurz vor dem großen Durchbruch steht. Hoffentlich hat er Recht. Der Vermieter hat uns schon damit gedroht, uns rauszuschmeißen, weil es so stinkt.

Ich muss immer an die kleine alte Dame aus dem Kinderlied denken – die, die in einem Schuh lebte. Es muss doch furchtbar gestunken haben bei ihr!

Alles Liebe von uns beiden

»Was gibt's denn zu lachen?«, wollte Zero wissen.

Stanley fuhr zusammen. Er hatte geglaubt, Zero sei mit den anderen zum Essen gegangen.

»Nichts. Meine Mutter hat nur was Lustiges geschrieben.«

»Was denn?«, fragte Zero.

»Nichts.«

»'tschuldigung.«

»Na ja, mein Vater ist dabei, eine Methode zu entwickeln, wie man alte Turnschuhe wieder verwenden kann. Er kocht sie immer auf und deswegen stinkt es bei uns in der Wohnung ziemlich übel. Egal, jedenfalls hat meine Mutter geschrieben, dass ihr die kleine alte

Dame so Leid tut, die in einem Schuh lebte, du weißt schon, weil es da ja ziemlich gestunken haben muss.«

Zero starrte ihn verständnislos an.

»Die aus dem Kinderlied, weißt du nicht mehr?«

Zero schwieg.

»Du kennst doch das Kinderlied von der alten Dame, die in einem Schuh lebte?«

»Nein.«

Stanley staunte.

»Wie geht das?«, wollte Zero wissen.

»Hast du denn früher nie Sesamstraße geguckt?«, fragte Stanley.

Wieder starrte ihn Zero nur verständnislos an.

Stanley machte sich auf den Weg zum Essen. Er wäre sich reichlich blöd vorgekommen, wenn er hier in Camp Green Lake angefangen hätte, ein Kinderlied vorzusingen.

17

Die nächsten anderthalb Wochen gruben die Jungen immer weiter an der Stelle, wo X-Ray angeblich das Goldröhrchen gefunden hatte, und dann auch in der näheren Umgebung. Sie erweiterten X-Rays Loch und auch die Löcher, die Deo und Torpedo gegraben hatten, bis die drei Löcher am vierten Tag ein einziges großes bildeten.

Von Tag zu Tag wurde die Chefin ungeduldiger. Sie erschien morgens immer später und ging am Nachmittag immer früher. Währenddessen gruben die Jungen immer länger.

»Dieses Loch ist nicht größer als gestern, als ich hier weggegangen bin!«, sagte sie eines Morgens, als sie lange nach Sonnenaufgang ankam. »Was habt ihr eigentlich da unten gemacht?«

»Nichts«, sagte Torpedo.

Das war eindeutig die falsche Antwort gewesen.

Im selben Augenblick kehrte Deo von einer Pinkelpause zurück.

»Wie schön, dass du uns auch beehrst«, sagte die Chefin. »Wo bist du gewesen?«

»Ich musste … öh … ich musste nur mal – Sie wissen schon.«

Die Chefin stieß mit ihrer Heugabel nach Deo und schubste ihn rückwärts in das große Loch. Die Spitzen der Heugabel hinterließen drei Löcher vorn in seinem Hemd sowie drei winzige Blutflecken.

»Sie geben diesen Jungen zu viel Wasser«, sagte die Chefin zu Mr. Pendanski.

Bis zum späten Nachmittag gruben sie weiter, noch lange, nachdem die anderen Gruppen Schluss gemacht hatten für diesen Tag. Stanley war unten in dem großen Loch, zusammen mit den übrigen sechs Jungen. Die Schubkarren benutzten sie schon gar nicht mehr.

Er rammte seine Schaufel in eine Seitenwand des Lochs. Gerade wollte er die Erde nach oben werfen, als Zickzacks Schaufel ihn seitlich am Kopf traf.

Er brach zusammen.

Er war sich nicht sicher, ob er ohnmächtig geworden war oder nicht. Als er die Augen aufmachte, sah er den wilden Kopf von Zickzack über sich, der ihn wütend anstarrte.

»Den Dreck da hol ich nicht raus«, sagte Zickzack. »Das ist deiner.«

»He, Mom!«, rief Magnet. »Der Höhlenmensch ist verletzt!«

Stanley legte eine Hand an seinen Hals. Er konnte

Blut fühlen und einen ziemlich großen Schnitt gleich unterhalb des Ohrs.

Magnet half Stanley auf die Beine und dann an der Seitenwand hoch und zum Loch hinaus. Mr. Sir riss ein Stück von seinem Sack mit Sonnenblumenkernen ab und machte daraus einen Verband, den er auf Stanleys Wunde legte. Dann befahl er ihm, sich wieder an die Arbeit zu machen. »Zeit für den Mittagsschlaf ist noch lange nicht.«

Als Stanley zum Loch zurückkehrte, wartete Zickzack auf ihn.

»Das da ist dein Dreck«, sagte er. »Mach ihn weg. Er liegt auf meinem Haufen.«

Stanley fühlte sich etwas benommen. Er konnte einen kleinen Haufen Erde erkennen. Es dauerte einen Moment, bis er begriff, dass es die Erde war, die auf seiner Schaufel gewesen war, als er getroffen wurde.

Er nahm sie weg, und dann hieb Zickzack seine Schaufel in den Boden, genau an der Stelle, wo »Stanleys Dreck« gewesen war.

18

Am nächsten Morgen marschierte Mr. Sir mit den Jungen zu einer anderen Stelle des Sees, und jeder grub wieder sein eigenes Loch, fünf Fuß tief und fünf Fuß im Durchmesser. Stanley war froh, von dem großen Loch weg zu sein. Jetzt wusste er wenigstens, wie viel er an diesem Tag schaffen musste. Außerdem war er erleichtert, dass die Schaufeln der anderen ihm nicht mehr am Gesicht vorbeiflogen und auch, dass die Chefin nicht mehr dauernd dabeistand.

Er hieb seine Schaufel in den Boden und wandte sich dann vorsichtig zur Seite, um die ausgehobene Erde abzuladen. Er musste sich langsam und vorsichtig drehen, denn bei jeder ruckartigen Bewegung fühlte er ein schmerzhaftes Pochen oben am Hals, da, wo Zickzacks Schaufel ihn getroffen hatte.

Zwischen Hals und Ohr hatte er eine ziemlich starke Schwellung. Es gab keine Spiegel im Camp, aber Stanley stellte sich vor, dass er vermutlich so aussah, als ob ein hart gekochtes Ei aus ihm herausragte.

Sonst tat ihm aber kaum noch etwas weh. Seine Muskeln waren kräftiger geworden und an seinen Händen hatte sich eine dicke Hornhaut gebildet. Er grub immer noch am langsamsten, aber nicht mehr viel langsamer als Magnet. Keine halbe Stunde, nachdem Magnet ins Camp zurückgekehrt war, spuckte auch Stanley in sein Loch.

Nach dem Duschen stopfte er seine dreckigen Sachen in den Kasten und nahm sein Briefpapier heraus. Zum Schreiben blieb er im Zelt, damit Torpedo und die anderen sich nicht über ihn lustig machten, weil er an seine Mutter schrieb.

Liebe Mom, lieber Dad,
das Leben im Camp ist hart, aber gleichzeitig auch eine
Herausforderung. Wir haben schon Hindernisrennen
gemacht und jetzt trainieren wir Langstreckenschwim-
men im See. Morgen lernen wir

Er hörte auf zu schreiben, als Zero ins Zelt kam, machte dann aber weiter. Was Zero dachte, war ihm egal. Zero war ein Niemand.

Steilwandklettern. Ich weiß, das hört sich gefährlich an,
aber macht euch keine Sorgen.

Zero stand jetzt neben ihm und sah ihm beim Schreiben zu.

Stanley drehte sich um und gleich durchzuckte ihn

wieder dieser Schmerz im Hals. »Es passt mir nicht, dass du mir über die Schulter guckst und mitliest, verstanden?«

Zero schwieg.

Ich passe gut auf mich auf. Nicht alles hier ist Spaß und Spiel, aber ich glaube, es bringt mir auf jeden Fall eine ganze Menge – Charakterbildung und so. Die anderen Jungs

»Ich kann das nicht«, sagte Zero.

»Wie?«

»Kannst du's mir beibringen?«

Stanley begriff gar nicht, wovon Zero überhaupt redete. »Was beibringen – Steilwandklettern?«

Zero starrte ihn durchdringend an.

»Was?«, fragte Stanley. Ihm war heiß, müde war er auch und außerdem schmerzte die Wunde.

»Ich würde gern Lesen und Schreiben lernen«, sagte Zero.

Stanley entfuhr ein kurzes Lachen. Es war nicht so, als würde er über Zero lachen. Er war einfach überrascht. Die ganze Zeit hatte er geglaubt, dass Zero ihm über die Schulter guckte, um mitzulesen. »Tut mir Leid«, sagte er. »Ich weiß nicht, wie man das jemandem beibringt.«

Nachdem er den ganzen Tag lang gegraben hatte,

fehlte ihm wirklich die Kraft, Zero Lesen und Schreiben beizubringen. Er musste seine Kräfte für die Leute aufsparen, die zählten.

»Schreiben musst du mir nicht unbedingt beibringen«, sagte Zero. »Bloß Lesen. Ich hab sowieso keinen, dem ich schreiben könnte.«

»Tut mir Leid«, wiederholte Stanley.

Seine Muskeln und Hände waren nicht das Einzige an ihm, das in den letzten Wochen härter geworden war. Auch sein Herz hatte sich verhärtet.

Er schrieb den Brief fertig. Er hatte kaum noch genug Spucke im Mund, um den Umschlag zuzukleben und die Briefmarke anzufeuchten. Es kam ihm so vor, als könnte er trinken, so viel er wollte – Durst hatte er trotzdem immer.

19

Nachts weckte ihn ein eigenartiges Geräusch. Erst dachte er, dass es vielleicht irgendein Tier gewesen sein könnte, und der Gedanke machte ihm Angst. Aber als er dann richtig aufwachte, merkte er, dass das Geräusch aus dem Bett nebenan kam.

Torpedo weinte.

»Alles in Ordnung mit dir?«, flüsterte Stanley.

Torpedos Kopf fuhr herum. Er schniefte und hielt die Luft an. »Ja, ich hab nur … es ist alles okay«, flüsterte er und schniefte wieder.

Am Morgen fragte Stanley Torpedo, ob es ihm wieder besser gehe.

»Wofür hältst du dich eigentlich, für meine Mutter oder was?«, fuhr Torpedo ihn an.

Stanley zuckte mit den Schultern.

»Ich hab 'ne Allergie, kapiert?«, sagte Torpedo.

»Kapiert«, sagte Stanley.

»Wenn du noch einmal die Klappe aufmachst, hau ich dir eine rein.«

Stanley sprach selten. Aus Angst, etwas Falsches zu

sagen, redete er mit keinem der Jungen mehr als das Nötigste. Auch wenn sie ihm einen Spitznamen gegeben hatten und alles, konnte er doch nicht vergessen, dass sie gefährlich waren. Es hatte schließlich seinen Grund, dass sie hier waren. Wie Mr. Sir sagen würde – das hier war kein Feriencamp für Pfadfinderinnen.

Stanley war dankbar, dass es keine Rassenprobleme gab. X-Ray, Deo und Zero waren schwarz, er selbst, Torpedo und Zickzack waren weiß. Magnet war hispanischer Abstammung. Auf dem See hatten sie alle dieselbe rötlich braune Farbe – die Farbe des Bodens.

Er schaute von seinem Loch auf und sah, dass sich der Wasserwagen näherte. Seine Flasche war noch etwa zu einem Viertel voll. Er trank sie schnell leer, bevor er sich auf seinen Platz in der Schlange stellte, hinter Magnet und vor Zero. Die Luft war schwer von der Hitze, dem Staub und den Abgasen.

Mr. Sir füllte ihnen die Flaschen.

Der Wagen entfernte sich wieder. Stanley war bereits wieder in seinem Loch und hatte nach der Schaufel gegriffen, als er Magnet rufen hörte. »Will jemand Sonnenblumenkerne?«

Magnet stand neben seinem Loch und hielt einen Sack mit Kernen in der Hand. Er kippte sich eine Hand voll in den Mund, kaute und schluckte sie dann hinunter, mit Schale und allem.

»Hier, ich«, brüllte X-Ray.

Der Sack sah etwa halb voll aus. Magnet rollte das obere Stück auf und warf X-Ray den Sack zu.

»Wie bist du daran gekommen, ohne dass Mr. Sir dich gesehen hat?«, fragte Deo.

»Ich kann nicht anders«, sagte Magnet. Er reckte beide Hände in die Luft, wackelte mit den Fingern und lachte. »Meine Finger sind nun mal wie kleine Magnete.«

Der Sack wanderte weiter von X-Ray zu Deo und dann zu Torpedo.

»Toll, mal was zu essen, das nicht aus der Büchse kommt«, meinte Deo.

Torpedo warf Zickzack den Sack zu.

Stanley wusste, dass er als Nächster an der Reihe sein würde. Er wollte den Sack gar nicht. Im selben Moment, als Magnet gerufen hatte: »Will jemand Sonnenblumenkerne?«, war ihm klar gewesen, dass es Ärger geben würde. Mr. Sir würde mit Sicherheit zurückkommen. Außerdem würde er von den gesalzenen Schalen nur Durst kriegen.

»Aufgepasst, Höhlenmensch, hier kommen sie«, sagte Zickzack. »Per Luftpost, Spezialzustellung …«

Ob die Kerne schon aus dem Sack fielen, bevor der überhaupt bei Stanley angekommen war, oder erst nachdem er den Sack fallen gelassen hatte, konnte er hinterher nicht mehr sagen. Ihm war es so vorgekommen, als hätte Zickzack den Sack vor dem Werfen oben nicht zusammengerollt und dass er ihn deswegen nicht auffangen konnte. Aber es war alles so furchtbar schnell gegangen. Gerade flog der Sack noch durch die Luft und im nächsten Moment lag er schon in Stanleys Loch und alle Kerne im Dreck.

»Oh, Mann!«, sagte Magnet.

»Tut mir Leid«, sagte Stanley und fing an, die Sonnenblumenkerne zurück in den Sack zu schieben.

»Ich will doch keinen Dreck fressen«, sagte X-Ray.

Stanley wusste nicht, was er tun sollte.

»Der Wagen kommt«, brüllte Zickzack.

Stanley sah auf zu der sich nähernden Staubwolke, dann wieder nach unten auf die verstreuten Kerne. Er war zur falschen Zeit am falschen Ort.

Sonst noch was?

Er hieb die Schaufel in die Erde und versuchte, die Kerne unterzugraben.

Was er hätte tun sollen, aber das wurde ihm erst später klar, war, Erde von seinen Haufen zu nehmen und zurück ins Loch zu kippen. Aber die Vorstellung, Erde *in* sein Loch zu schaufeln, war wohl einfach zu viel verlangt.

»Hallo, Mr. Sir«, sagte X-Ray. »Schon zurück?«

»Kommt mir so vor, als ob Sie eben erst dagewesen wären«, sagte Deo.

»Wie die Zeit verfliegt, wenn man sich gut amüsiert«, sagte Magnet.

Stanley grub weiter in seinem Loch.

»Na, wie ist die Stimmung bei meinen Pfadfinderinnen?«, fragte Mr. Sir, während er von einem Loch zum anderen schritt. Er trat gegen einen von Magnets Erdhaufen und kam dann zu Stanley herüber.

Stanley sah zwei Kerne unten am Boden herausragen, und als er versuchte, Erde darüber zu schieben, wurde ein Stück von dem Sack sichtbar.

»Nun, Höhlenmensch, was gibt's?«, sagte Mr. Sir, als er über ihm stand. »Du siehst aus, als ob du was gefunden hättest.«

Stanley wusste nicht, was er machen sollte.

»Grab es aus«, sagte Mr. Sir. »Wir bringen es dem Boss. Vielleicht bekommst du ja den Rest des Tages frei.«

»Ach, das ist nichts«, brummte Stanley.

»Das lass mich mal entscheiden«, sagte Mr. Sir.

Stanley langte nach unten und hob den leeren Sack auf. Er wollte ihn Mr. Sir reichen, aber der nahm ihn nicht.

»Jetzt sag mir mal bitte, Höhlenmensch«, fing Mr. Sir an, »wie kommt der Sack von meinen Sonnenblumenkernen in dein Loch?«

»Ich hab ihn von Ihrem Wagen gestohlen.«

»Tatsächlich?«

»Ja, Mr. Sir.«

»Und die Sonnenblumenkerne – was ist damit?«

»Die hab ich gegessen.«

»Alleine!«

»Ja, Mr. Sir.«

»He, Höhlenmensch«, rief Deo. »Wieso hast du uns keine abgegeben?«

»Das ist ja ein starkes Stück, Mann«, sagte X-Ray.

»Und ich dachte, wir wären Freunde«, sagte Magnet.

Mr. Sir blickte die Jungen der Reihe nach an und sah dann wieder auf Stanley. »Wir werden sehen, was der Boss dazu zu sagen hat. Los, gehen wir!«

Stanley kletterte aus seinem Loch und folgte Mr. Sir zum Wagen. Den leeren Sack hielt er noch immer in der Hand.

Es tat gut, im Wagen zu sitzen, aus der direkten Sonne raus zu sein. Stanley war überrascht, dass ihm in diesem Moment überhaupt irgendwas gut tun konnte, aber es war so. Es tat gut, sich zur Abwechslung mal auf einen bequemen Sitz zu setzen, und als der Wagen über den holprigen Boden ratterte, war er in der Lage, den frischen Wind zu genießen, der ihm durch das geöffnete Fenster in sein heißes, verschwitztes Gesicht blies.

20

Es tat auch gut, im Schatten der zwei Eichen zu gehen. Stanley fragte sich, ob sich so ein zum Tode Verurteilter auf dem Weg zum elektrischen Stuhl fühlte, wenn er sich noch ein letztes Mal an den schönen Dingen des Lebens erfreute.

Um zur Tür der Hütte zu gelangen, mussten sie erst um etliche Löcher herumgehen. Stanley wunderte sich, dass es um die Hütte herum so viele davon gab. Er hätte gedacht, dass es der Chefin nicht gefallen würde, dass die Camp-Insassen so nah bei ihrem Haus gruben, aber einige der Löcher reichten bis unmittelbar an die Hütte heran. Sie lagen hier auch dichter beieinander und hatten unterschiedliche Formen und Größen.

Mr. Sir klopfte an die Tür. Stanley hielt noch immer den leeren Sack in der Hand.

»Ja bitte?«, sagte die Chefin, als sie die Tür öffnete.

»Es hat da ein kleines Problem gegeben draußen auf dem See«, sagte Mr. Sir. »Der Höhlenmensch wird Ihnen die Einzelheiten berichten.«

Die Chefin starrte Mr. Sir einen Moment lang an, bevor sie ihren Blick zu Stanley hinüberwandern ließ.

Er fühlte jetzt nur noch Angst.

»Dann kommt besser herein«, sagte die Chefin. »Sonst zieht die ganze Kälte noch raus.«

In der Hütte gab es eine Klimaanlage. Der Fernseher funktionierte. Die Chefin nahm die Fernbedienung und schaltete das Gerät ab.

Dann setzte sie sich in einen mit Segeltuch bespannten Sessel. Sie war barfuß und trug Shorts. Ihre Beine waren ebenso mit Sommersprossen übersät wie ihr Gesicht und die Arme.

»Also, was hast du mir zu sagen?«

Stanley holte tief Luft, um ruhiger zu werden. »Als Mr. Sir unsere Wasserflaschen gefüllt hat, bin ich zum Wagen geschlichen und hab ihm den Sack mit den Sonnenblumenkernen gestohlen.«

»Ich verstehe.« Sie wandte sich an Mr. Sir. »Ist das der Grund, weswegen Sie ihn hergebracht haben?«

»Ja, allerdings glaube ich nicht, dass er die Wahrheit sagt. Ich vermute, einer von den anderen hat den Sack gestohlen und der Höhlenmensch versucht X-Ray oder wen auch immer zu decken. Es war ein Zehn-Kilo-Sack, und er behauptet, er habe alles allein aufgegessen.«

Mr. Sir nahm Stanley den Sack aus der Hand und reichte ihn der Chefin.

»Ich verstehe«, sagte sie wieder.

»Der Sack war nicht mehr voll«, sagte Stanley, »und

114

außerdem hab ich viele verschüttet. Sie können in meinem Loch nachsehen.«

»In dem Zimmer dort drüben steht ein geblümtes Köfferchen, Höhlenmensch. Würdest du es mir bitte holen?« Sie wies auf eine Tür.

Stanley schaute zur Tür, dann zur Chefin, dann wieder zur Tür. Langsam ging er darauf zu.

Es war so etwas Ähnliches wie ein Ankleidezimmer, mit einem Waschtisch und einem Spiegel. Neben dem Waschbecken sah er das Köfferchen. Es war weiß mit rosa Blumen.

Er brachte es der Chefin und sie stellte es vor sich auf den Glastisch. Sie öffnete den Verschluss und hob den Deckel.

Es war ein Kosmetikkoffer. Stanleys Mutter besaß einen ganz ähnlichen. Er sah etliche Flaschen Nagellack, Nagellackentferner, mehrere Lippenstifthülsen sowie verschiedene Tiegel und Puderdosen.

Die Chefin hielt ein Fläschchen mit dunkelrotem Inhalt hoch. »Siehst du das hier, Höhlenmensch?«

Stanley nickte.

»Dies ist mein ganz persönlicher Nagellack. Siehst du die satte dunkelrote Farbe? Diesen Lack kann man in keinem Laden kaufen. Ich muss ihn selbst herstellen.«

Stanley hatte keine Ahnung, wieso sie ihm das zeigte. Er fragte sich, wann die Chefin je einen Anlass haben sollte, sich zu schminken oder die Nägel zu lackieren.

»Möchtest du wissen, welche geheime Zutat ich hineinmixe?«

Stanley zuckte mit den Achseln.

Die Chefin öffnete die Flasche. »Klapperschlangengift.« Mit einem kleinen Pinsel fing sie an, den Lack auf die Nägel der linken Hand aufzutragen. »Es ist vollkommen harmlos – wenn der Lack getrocknet ist.«

Sie lackierte die Nägel der linken Hand zu Ende. Einige Sekunden lang wedelte sie mit der Hand durch die Luft, bevor sie sich daranmachte, auch die Nägel der rechten Hand zu lackieren. »Das Gift wirkt nur, solange der Lack noch flüssig ist.«

Als sie fertig war, stand sie auf. Sie streckte die rechte Hand aus und berührte Stanleys Gesicht mit ihren Fingern. Mit den spitzen, noch feuchten Nägeln fuhr sie langsam über seine Wange. Er spürte, wie sich seine Haut spannte.

Mit dem Nagel ihres kleinen Fingers streifte sie leicht die Wunde hinter seinem Ohr. Ein stechender Schmerz durchfuhr ihn und unwillkürlich machte er einen Schritt zurück.

Die Chefin wandte sich nun Mr. Sir zu, der vor dem Kamin saß.

»Sie glauben also, dass er die Sonnenblumenkerne gestohlen hat?«

»Nein, er sagt, er hätte sie gestohlen, aber ich glaube, dass es –«

Sie trat einen Schritt auf ihn zu und schlug ihm ins Gesicht.

Mr. Sir starrte sie entsetzt an. Drei lange rote Striemen liefen quer über seine linke Gesichtshälfte. Stanley konnte nicht erkennen, ob es Blut war oder Nagellack.

Es dauerte einen Moment, bis das Gift in die Haut eingesunken war. Plötzlich schrie Mr. Sir auf und hielt sich mit beiden Händen das Gesicht. Er ließ sich nach vorn fallen und blieb auf dem Läufer vor dem Kamin liegen.

»Ihre Sonnenblumenkerne interessieren mich herzlich wenig«, sagte die Chefin mit sanfter Stimme.

Mr. Sir stöhnte.

»Wenn Sie es unbedingt hören wollen«, fuhr die Chefin fort, »mir hat es besser gefallen, als Sie noch geraucht haben.«

Einen Moment lang schien der Schmerz nachzulassen. Mr. Sir atmete ein paar Mal tief ein. Dann zuckte sein Kopf heftig zurück und Mr. Sir schrie schrill auf, heftiger als zuvor.

Die Chefin wandte sich wieder Stanley zu. »Ich würde vorschlagen, du gehst jetzt wieder an deine Arbeit.«

Stanley setzte sich in Bewegung, aber Mr. Sir lag ihm im Weg. Stanley sah, wie die Muskeln in seinem Gesicht zuckten. Der ganze Körper krümmte sich in Todesqualen.

Stanley kletterte vorsichtig über ihn hinweg. »Ist er – ?«

»Pardon?«, sagte die Chefin.

Stanley hatte zu viel Angst, um seine Frage zu wiederholen.

»Sterben wird er nicht daran«, sagte die Chefin. »Pech für dich.«

21

Es war ein weiter Weg zurück zu seinem Loch. Durch den Nebel aus Staub und Hitze schaute Stanley hinüber zu den anderen, die ihre Spaten senkten und hoben. Die Gruppe D grub am weitesten vom Camp entfernt.

Wieder einmal würde er noch graben müssen, wenn alle anderen längst weg waren. Hoffentlich würde er wenigstens fertig werden, bevor Mr. Sir wieder zu sich kam. Er wäre nicht gern allein mit ihm da draußen.

Sterben wird er nicht, hatte die Chefin gesagt. *Pech für dich.*

Während Stanley über das trostlose Ödland lief, dachte er an seinen Urgroßvater – nicht den Schweinedieb, sondern den Sohn des Schweinediebs, den, der von Kissin' Kate Barlow ausgeraubt worden war.

Er versuchte sich vorzustellen, wie der sich wohl gefühlt hatte, nachdem Kate ihn mitten in der Wüste ganz allein zurückgelassen hatte. Vermutlich auch nicht so sehr viel anders, als er selbst sich jetzt gerade fühlte. Kate Barlow hatte seinen Urgroßvater der nackten, heißen Wüste preisgegeben. Die Chefin hatte Stanley Mr. Sir preisgegeben.

Auf irgendeine Weise hatte sein Urgroßvater siebzehn Tage lang überlebt, bis er von ein paar Klapperschlangenjägern gerettet wurde. Da war er bereits wahnsinnig.

Als man ihn fragte, wie er es geschafft habe, so lange zu überleben, sagte er, er habe »auf Gottes Daumen Zuflucht gefunden«.

Fast einen Monat verbrachte er im Krankenhaus. Am Ende heiratete er eine der Krankenschwestern. Niemand wusste, was er mit *Gottes Daumen* gemeint hatte, nicht einmal er selbst.

Stanley hörte etwas rascheln. Er blieb abrupt stehen, einen Fuß noch in der Luft.

Eine Klapperschlange lag zusammengerollt neben seinem Fuß, den klappernden Schwanz aufgerichtet.

Stanley zog vorsichtig sein Bein zurück, dann machte er kehrt und rannte davon.

Die Klapperschlange kam ihm nicht hinterher. Sie hatte nur mit dem Schwanz geklappert, um ihn davor zu warnen, ihr noch näher zu kommen.

»Danke für die Warnung«, flüsterte Stanley, während sein Herz laut pochte.

Ohne ihr Klappern wäre die Klapperschlange noch viel gefährlicher.

»He, Höhlenmensch«, rief Deo. »Du lebst ja noch!«

»Na, was hat die Chefin gesagt?«, wollte X-Ray wissen.

»Was hast du ihr erzählt?«, fragte Magnet.

»Ich hab ihr gesagt, dass ich die Kerne geklaut habe«, sagte Stanley.

»Gut so«, sagte Magnet.

»Und, was hat sie gemacht?«, fragte Zickzack.

Stanley zuckte mit der Schulter. »Nichts. Sie war sauer auf Mr. Sir, weil er sie damit belästigt hat.«

Er hatte keine Lust, die Einzelheiten zu berichten. Wenn er nicht darüber sprach, dann war vielleicht auch nichts geschehen.

Er ging zu seinem Loch hinüber und sah zu seiner Überraschung, dass es fast fertig war. Er starrte völlig erstaunt hinein. Er verstand überhaupt nichts.

Oder vielleicht doch. Er lächelte. Weil er die Schuld auf sich genommen hatte, hatten die anderen Jungen für ihn das Loch gegraben.

»He, danke schön«, sagte er.

»Mich brauchst du nicht anzusehen«, sagte X-Ray.

Verwirrt blickte Stanley von einem zum anderen – von Magnet zu Deo, dann zu Zickzack und schließlich zu Torpedo. Keiner wollte sich den Schuh anziehen.

Zuletzt sah Stanley zu Zero hinüber, der die ganze Zeit, seit Stanley zurückgekommen war, ruhig an seinem Loch weitergegraben hatte. Zeros Loch war weniger tief als die anderen.

22

Stanley war als Erster fertig. Er spuckte in sein Loch, ging dann duschen und zog sich um. Seit dem letzten Waschtag waren drei Tage vergangen, so dass sogar seine sauberen Sachen schmutzig waren und stanken. Ab morgen würde dies seine Arbeitskleidung sein und die zweite Garnitur würde in die Wäsche kommen.

Er konnte sich überhaupt nicht vorstellen, wieso Zero für ihn gegraben hatte. Zero hatte ja noch nicht mal was abbekommen von den Sonnenblumenkernen.

»Wahrscheinlich gräbt er einfach gern Löcher«, hatte Deo gemeint.

»Zero ist ein Maulwurf«, hatte Zickzack gesagt. »Ich glaube, er frisst die Erde.«

»Maulwürfe fressen keine Erde«, hatte X-Ray erklärt. »Regenwürmer fressen Erde.«

»He, Zero!«, hatte Torpedo gerufen. »Was bist du eigentlich – ein Maulwurf oder ein Regenwurm?«

Zero hatte geschwiegen.

Stanley hatte ihm nicht einmal gedankt. Aber jetzt saß er auf seinem Feldbett und wartete darauf, dass Zero vom Duschen zurückkam.

»Danke«, sagte er, als Zero ins Zelt kam.

Zero warf ihm einen Blick zu und ging dann zu den Kästen hinüber, wo er seine dreckigen Sachen und sein Handtuch verstaute.

»Wieso hast du mir geholfen?«, fragte Stanley.

Zero drehte sich um. »Du hast die Sonnenblumenkerne ja nicht geklaut«, sagte er.

»Stimmt, du aber auch nicht«, sagte Stanley.

Zero starrte ihn an. Seine Augen schienen immer größer zu werden, und es war fast, als würde er einfach durch Stanley hindurchsehen. »Du hast auch die Turnschuhe nicht geklaut«, sagte er.

Stanley sagte nichts.

Er sah Zero nach, als er aus dem Zelt ging. Wenn hier jemand einen Röntgenblick hatte, dann war es Zero.

»Warte!«, rief er und lief ihm schnell hinterher.

Zero war gleich vor dem Zelt stehen geblieben und Stanley rannte ihn fast um.

»Wenn du willst, bring ich dir Lesen bei«, bot er an. »Ich weiß zwar nicht, ob ich das kann, aber heute bin ich nicht so kaputt, weil du ja schließlich einen großen Teil von meinem Loch gegraben hast.«

Ein breites Lächeln ging über Zeros Gesicht.

Sie kehrten ins Zelt zurück, wo sie vermutlich ungestört bleiben würden. Stanley holte die Schachtel mit seinem Briefpapier und den Stift aus seinem Kasten. Dann setzten sie sich auf den Boden.

»Kennst du das Alphabet?«, fragte Stanley.

Einen kurzen Augenblick lang schien es ihm, als blitzte Trotz in Zeros Blick auf, aber gleich darauf war es wieder vorbei.

»Ein bisschen, glaube ich«, sagte Zero. »A, B, C, D.«

»Weiter«, sagte Stanley.

Zero schaute zum Zeltdach hoch. »E –«

»F«, sagte Stanley.

»G«, sagte Zero. Er blies Luft aus beiden Mundwinkeln. »H – I – K – P.«

»H, I, J, K, L«, sagte Stanley.

»Stimmt«, sagte Zero, »gehört hab ich das schon mal, ich hab's nur nicht mehr ganz im Kopf.«

»Macht nichts«, sagte Stanley. »Pass auf, ich sag dir jetzt das Ganze noch mal vor, damit du dich besser erinnerst, dann kannst du's ja mal probieren.«

Er sprach Zero das ganze Alphabet vor und Zero wiederholte es ohne einen einzigen Fehler.

Nicht schlecht für jemanden, der nie Sesamstraße geguckt hatte!

»Na ja, irgendwo hab ich's ja schon mal gehört«, sagte Zero und versuchte so zu tun, als wäre das gar nichts, aber sein breites Grinsen verriet ihn.

Der nächste Schritt war schon schwieriger. Stanley musste sich überlegen, wie er Zero beibringen konnte, die einzelnen Buchstaben zu erkennen. Er gab Zero ein Blatt Papier und nahm sich selbst auch eins.

124

»Ich denke, wir fangen mal mit dem A an.«

Er schrieb ein großes A in Druckschrift und Zero malte es auf seinem Bogen nach. Das Papier war nicht liniert, was das Schreiben schwieriger machte, aber Zeros A war gar nicht schlecht, nur ein bisschen groß. Stanley sagte ihm, er müsse kleiner schreiben, sonst werde ihnen ganz schnell das Papier ausgehen. Also schrieb Zero kleinere Druckbuchstaben.

»Man kann allerdings jeden Buchstaben auf zwei Arten schreiben«, sagte Stanley. Ihm dämmerte, dass die Sache noch schwieriger werden würde, als er es sich vorgestellt hatte. »Das hier ist ein großes A. Meistens wirst du aber nur das kleine a sehen. Große Buchstaben kommen bei uns nur am Anfang von einem Wort vor, und auch das nur, wenn es am Anfang von einem Satz steht. Sonst gibt es große Buchstaben nur am Anfang von Eigennamen, also dem Namen von einem Menschen zum Beispiel.«

Zero nickte, als hätte er verstanden, aber Stanley wusste selbst, dass das, was er gesagt hatte, ziemlich wirr gewesen war.

Er schrieb ein kleines a in Druckschrift und Zero malte es ab.

»Das heißt, es gibt zweiundfünfzig«, sagte Zero.

Stanley wusste gar nicht, was er meinte.

»Statt sechsundzwanzig Buchstaben. In Wirklichkeit sind es zweiundfünfzig.«

Stanley sah Zero überrascht an. »Ich glaub, du hast Recht«, sagte er. »Wie hast du das rausgekriegt?«

Zero schwieg.

»Hast du addiert?«

Zero schwieg.

»Hast du multipliziert?«

»Es ist einfach so«, sagte Zero.

Stanley zuckte mit den Schultern. Er wusste nicht einmal, woher Zero wusste, dass das einfache Alphabet aus sechsundzwanzig Buchstaben bestand. Ob er sie beim Aufsagen gezählt hatte?

Er ließ Zero das A noch ein paar Mal schreiben, sowohl das große wie das kleine, bevor er mit dem großen B anfing. Er merkte schon, sie würden ziemlich lange brauchen.

»Du könntest mir jeden Tag zehn Buchstaben beibringen«, schlug Zero vor. »Fünf große und fünf kleine. Nach fünf Tagen kenne ich dann alle. Bloß am letzten Tag muss ich zwölf lernen – sechs große und sechs kleine.«

Wieder starrte Stanley ihn an, erstaunt, wie schnell Zero das alles ausrechnete.

Zero musste gedacht haben, dass Stanley ihn aus einem anderen Grund anstarrte, denn er sagte: »Ich werde jeden Tag ein Stück von deinem Loch graben. Ich grabe eine Stunde und du übst eine Stunde mit mir. Und weil ich schneller graben kann als du, sind wir etwa gleichzeitig mit unseren Löchern fertig. Dann muss ich nicht auf dich warten.«

»Okay.« Stanley war einverstanden.

Während Zero das B übte, fragte Stanley ihn, wie er das ausgerechnet hatte, dass sie fünf Tage brauchen würden. »Hast du multipliziert? Oder hast du geteilt?«

»Es ist einfach so«, sagte Zero.

»Du scheinst ziemlich fit zu sein in Mathe«, meinte Stanley.

»Ich bin ja nicht dumm«, sagte Zero. »Ich weiß, dass mich alle für dumm halten. Aber ich mag nun mal keine Fragen beantworten.«

Als Stanley später am Abend auf seinem Bett lag, dachte er noch einmal über das Abkommen nach, das er mit Zero geschlossen hatte. Es wäre schon eine Erleichterung, jeden Tag eine Pause machen zu können, aber er wusste auch, dass es X-Ray nicht gefallen würde. Er überlegte, ob er Zero irgendwie dazu kriegen könnte, auch eine Zeit lang für X-Ray zu graben. Aber andererseits, warum sollte er? *Ich bin schließlich derjenige, der Zero was beibringt. Ich brauche die Pause, damit ich abends noch genug Energie habe, um ihm was beizubringen. Ich bin derjenige, der wegen der Sonnenblumenkerne die Schuld auf sich genommen hat. Ich bin derjenige, auf den Mr. Sir eine Wut hat.*

Er schloss die Augen und Bilder aus der Hütte der

Chefin schwammen durch seinen Kopf: ihre roten Fingernägel, Mr. Sir, der sich auf dem Boden krümmte, der geblümte Kosmetikkoffer.

Er öffnete die Augen wieder.

Mit einem Mal war ihm klar, wo er so ein goldenes Röhrchen schon einmal gesehen hatte.

Das war zu Hause gewesen, in ihrem Badezimmer, zwischen den Sachen seiner Mutter, und später noch einmal in der Hütte der Chefin. Es war die Hälfte von einer Lippenstifthülse.

K B?

K B?

Auf einmal schoss ihm ein Gedanke durch den Kopf.

Tonlos formten seine Lippen den Namen Kate Barlow, während er noch überlegte, ob das Röhrchen tatsächlich der küssenden Banditin gehört haben könnte.

23

Vor einhundertzehn Jahren war der Green Lake der größte See in Texas gewesen. Sein Wasser war klar und kühl und glitzerte in der Sonne wie ein riesiger Smaragd. Im Frühling, wenn die Pfirsichbäume, die sein Ufer säumten, weiß und rosa blühten, war er ganz besonders schön.

Am vierten Juli, dem Nationalfeiertag, gab es immer ein Picknick für die ganze Stadt. Es wurde gespielt, getanzt und gesungen und zwischendurch kühlte man sich im See ab. Jedes Jahr wurden Preise verliehen für den besten Pfirsichkuchen und die beste Pfirsichmarmelade.

Einen Sonderpreis erhielt in jedem Jahr Miss Katherine Barlow für ihre wundervollen eingemachten Pfirsiche. Außer ihr gab es niemanden, der auch nur versucht hätte, Pfirsiche einzulegen, weil alle wussten, dass sie niemals so köstlich gelingen würden wie die von Miss Barlow.

Jeden Sommer pflückte Miss Katherine körbeweise Pfirsiche, würzte sie mit Zimt, Nelken, Muskat und anderen Gewürzen, die sie niemandem verriet, und machte sie ein. So hielten sie sich den ganzen Winter lang. Sie hätten sich wohl auch noch länger gehalten, doch am Ende des Winters waren sie immer schon aufgegessen.

Green Lake, so sagte man, sei der Himmel auf Erden und die eingemachten Pfirsiche von Miss Katherine seien die Speise der Engel.

Katherine Barlow war die einzige Lehrerin des Ortes. Sie unterrichtete in einem alten Schulhaus, das nur aus einem einzigen Zimmer bestand. Es war schon damals alt. Das Dach war nicht dicht. Die Fenster ließen sich nicht öffnen. Die Tür hing schief in den Angeln.

Miss Barlow war eine wundervolle Lehrerin, voller Wissen und Lebensfreude. Die Kinder liebten sie.

Abends unterrichtete sie Erwachsene, und auch unter ihnen waren viele, die sie liebten. Sie war sehr hübsch. In ihren Klassen saßen oft zahlreiche junge Männer, die sich viel mehr für die Lehrerin interessierten als dafür, etwas zu lernen.

Aber mehr, als dass sie etwas lernten, passierte nie.

Einer dieser jungen Männer war Trout Walker. Eigentlich hieß er Charles Walker, aber jeder nannte ihn nur Trout – Forelle –, denn seine Füße stanken wie tote Fische.

Das war nun nicht ganz allein Trouts Schuld. Er litt an chronischem Fußpilz – übrigens demselben, der einhundertzehn Jahre später den berühmten Baseballspieler

Clyde Livingston befallen sollte. Aber Clyde Livingston duschte wenigstens täglich.

»Ich bade jeden Sonntagmorgen«, prahlte Trout immer, »ob es nötig ist oder nicht.«

Fast jeder in der Stadt Green Lake glaubte, dass Miss Katherine Trout Walker heiraten würde. Er war nämlich der Sohn des reichsten Mannes in der Gegend. Seiner Familie gehörten fast alle Pfirsichbäume und alles Land am Ostufer des Sees.

Trout erschien oft abends zum Unterricht, aber er passte nie auf, schwätzte ständig und störte seine Mitschüler. Er war laut und dumm.

Viele Männer in der Stadt waren ungebildet. Das störte Miss Katherine nicht. Sie wusste, dass sie nur kurze Zeit zur Schule gegangen waren, weil die meisten von ihnen schon von klein auf arbeiten mussten, auf Feldern und Viehweiden. Dazu war sie schließlich da – ihnen etwas beizubringen.

Aber Trout wollte nichts lernen. Er schien noch stolz darauf zu sein, dass er so dumm war.

»Hätten Sie Lust, am Samstag mit mir rauszufahren mit meinem neuen Boot?«, fragte er eines Abends nach dem Unterricht.

»Nein, danke«, sagte Miss Katherine.

»Wir haben ein nagelneues Boot«, sagte er. »Man muss es nicht mal rudern.«

»Ja, ich weiß«, sagte Miss Katherine.

Jeder in der Stadt hatte das neue Boot der Walkers bereits gesehen – und gehört. Es machte einen fürchterlichen Lärm und blies hässlichen schwarzen Rauch über den schönen See.

Trout hatte immer alles bekommen, was er wollte. Er konnte es kaum glauben, dass Miss Katherine ihm einen Korb gegeben hatte. Er wies mit dem Finger auf sie und sagte: »Noch nie hat jemand zu Charles Walker nein gesagt!«

»Ich glaube, ich habe es gerade getan«, sagte Katherine Barlow.

24

Stanley schlief noch halb, als er sich zum Frühstück anstellte, doch der Anblick von Mr. Sir machte ihn hellwach. Die linke Seite seines Gesichts war zur Größe einer halben Melone angeschwollen. Drei gezackte dunkelrote Linien zogen sich über die Wange, wo die Chefin ihn gekratzt hatte.

Die anderen Jungen aus Stanleys Zelt hatten Mr. Sir offensichtlich auch gesehen, waren aber klug genug gewesen, nichts zu sagen. Stanley stellte ein Päckchen Orangensaft auf sein Tablett und legte einen Löffel daneben. Er schaute zu Boden und wagte kaum zu atmen, als Mr. Sir ihm etwas von dem Haferbrei in die Schüssel löffelte.

Er trug sein Tablett zum Tisch. Der Junge, der hinter ihm gestanden hatte, einer aus einem anderen Zelt, sagte: »He, was ist denn mit Ihrem Gesicht passiert, Mr. Sir?«

Es tat einen Schlag.

Stanley drehte sich um und sah, wie Mr. Sir den Kopf des Jungen gegen den Topf mit dem Haferbrei presste. »Stimmt irgendwas nicht mit meinem Gesicht?«

Der Junge versuchte zu sprechen, aber es ging nicht. Mr. Sir hatte ihn an der Kehle gepackt.

»Sieht einer von euch irgendetwas Ungewöhnliches an meinem Gesicht?«, fragte Mr. Sir, während er den Jungen weiter würgte.

Niemand sagte ein Wort.

Mr. Sir ließ den Jungen los, der zu Boden fiel und mit dem Kopf gegen den Tisch knallte.

Mr. Sir stellte sich über ihn und fragte: »Wie findest du mein Gesicht jetzt?«

Ein gurgelndes Geräusch kam aus dem Mund des Jungen, bevor er es schaffte, ein Wort herauszubekommen: »Gut.«

»Ich sehe doch ganz gut aus, oder?«

»Ja, Mr. Sir.«

Draußen auf dem See fragten die anderen Jungen Stanley, was er über Mr. Sirs Gesicht wisse, aber er zuckte nur mit den Schultern und grub sein Loch. Wenn er nicht über die Sache sprach, dann gab es sie vielleicht auch nicht mehr.

Er arbeitete so schwer und so schnell, wie er konnte, gönnte sich keine Pause. Er wollte bloß so rasch wie möglich weg vom See und weg von Mr. Sir. Außerdem wusste er ja, dass er eine Pause bekommen würde.

»Sag mir Bescheid, wenn du soweit bist«, hatte Zero gesagt.

Als der Wasserwagen das erste Mal kam, saß Mr. Pendanski am Steuer. Beim zweiten Mal kam Mr. Sir.

Niemand sagte etwas außer »Danke, Mr. Sir«, als ihre Flaschen gefüllt wurden. Niemand wagte es, das grotesk aussehende Gesicht auch nur anzusehen.

Während Stanley wartete, fuhr er mit der Zunge über seinen Gaumen und über die Innenseiten seiner Wangen. Sein Mund war so rau und trocken wie der See. Die grelle Sonne spiegelte sich im Außenspiegel des Wagens und Stanley musste die Hand über die Augen legen, um nicht geblendet zu werden.

»Danke, Mr. Sir«, sagte Magnet, als er seine Trinkflasche entgegennahm.

»Hast du Durst, Höhlenmensch?«, fragte Mr. Sir.

»Ja, Mr. Sir«, antwortete Stanley und reichte ihm die Flasche.

Mr. Sir öffnete die Verschlusskappe und ließ das Wasser aus dem Tank fließen. Doch es floss nicht in Stanleys Flasche. Mr. Sir hielt die Flasche direkt neben den Wasserstrahl.

Stanley sah zu, wie das Wasser auf den Boden spritzte, wo es sofort von der trockenen Erde aufgenommen wurde.

Etwa dreißig Sekunden lang ließ Mr. Sir das Wasser laufen, dann drehte er es ab. »Willst du noch mehr?«, fragte er.

Stanley sagte nichts.

25

Es gab einen Arzt in der Stadt Green Lake, damals, vor einhundertzehn Jahren. Dr. Hawthorn hieß er. Und wenn jemand krank wurde, dann ging er zu Dr. Hawthorn. Oder er ging zu Sam, dem Zwiebelmann.

»Zwiebeln! Süße, frische Zwiebeln!«, rief Sam, wenn er mit Mary Lou, seiner Eselin, über die Straßen von Green Lake zog. Mary Lou war vor einen mit Zwiebeln beladenen Karren gespannt.

Sam hatte seine Zwiebelfelder irgendwo auf der anderen Seite des Sees. Einmal, manchmal auch zweimal die Woche ruderte er über den See und erntete eine neue Ladung für seinen Wagen. Sam hatte starke Arme, aber trotzdem brauchte er einen ganzen Tag, um über den See zu rudern, und noch einen Tag, um wieder zurückzukommen. Meistens ließ er Mary Lou solange in einem Stall stehen, den die Walkers ihn umsonst benutzen ließen, aber ab und zu nahm er den Esel auch mit aufs Boot.

Sam behauptete, Mary Lou sei schon fast fünfzig Jahre alt – ein ganz ungewöhnlich hohes Alter für einen Esel (auch heute noch).

»Sie frisst nichts anderes als rohe Zwiebeln«, sagte Sam immer und hielt eine weiße Zwiebel zwischen seinen dunklen Fingern hoch. »Die Zwiebel ist das Zaubermittel der Natur. Ein Mensch, der nichts anderes essen würde als rohe Zwiebeln, könnte glatt zweihundert Jahre alt werden.«

Sam selbst war kaum über zwanzig, deswegen war auch niemand ganz überzeugt, dass Mary Lou tatsächlich so alt war, wie Sam behauptete. Woher wollte er das wissen?

Aber gestritten hat nie einer mit Sam deswegen. Und wenn die Leute krank waren, dann gingen sie nicht nur zu Doc Hawthorn, sondern auch zu Sam.

Sam gab ihnen immer denselben Rat: »Viel rohe Zwiebeln essen!«

Er sagte, dass Zwiebeln gut für die Verdauung seien, für die Leber, den Magen, die Lunge, das Herz und das Gehirn. »Wenn Sie mir nicht glauben, dann sehen Sie sich doch nur die alte Mary Lou hier an. In ihrem ganzen Leben ist sie noch nicht einen Tag krank gewesen.«

Er besaß viele verschiedene Salben, Tinkturen, Säfte und Pasten, die er alle aus Zwiebelsaft und aus verschiedenen Teilen der Zwiebelpflanze herstellte. Mit dem einen Mittel kurierte er Asthma, das andere war gut bei Warzen und Pickeln und das dritte half gegen Arthritis.

Er hatte sogar eine spezielle Salbe, die angeblich Kahlköpfigkeit heilte. »Jede Nacht, wenn Ihr Mann schläft, Mrs. Collingwood, müssen Sie ihm einfach den Kopf damit einreiben, und bald wird sein Haar so dicht und so lang sein wie der Schwanz von Mary Lou.«

Doc Hawthorn hatte nichts gegen Sam. Die Leute von Green Lake gingen nicht gern ein Risiko ein. Sie holten sich reguläre Medizin von Dr. Hawthorn und ein Zwiebelmittelchen bei Sam. Wenn sie dann wieder gesund waren, war sich keiner ganz sicher, nicht einmal Doc Hawthorn, welcher der beiden Behandlungen sie das nun zu verdanken hatten.

Doc Hawthorn war fast völlig kahl und früh am Morgen roch sein Schädel oft nach Zwiebeln.

Wenn Katherine Barlow Zwiebeln kaufte, nahm sie jedes Mal eine oder zwei zusätzlich und ließ Mary Lou sie ihr aus der Hand fressen.

»Stimmt irgendwas nicht?«, fragte Sam sie eines Tages, während sie Mary Lou fütterte. »Sie sehen so nachdenklich aus.«

»Ach, es ist nur das Wetter«, antwortete Miss Katherine. »Es sieht so aus, als ob Regenwolken in unsere Richtung zögen.«

»Mary Lou und ich, wir mögen den Regen«, sagte Sam.

»Oh, ich mag ihn auch«, sagte Miss Katherine und

strich dem Esel über das raue Fell oben auf seinem Kopf. »Es ist nur so, dass das Dach vom Schulhaus nicht dicht ist.«

»Das kriegen wir schon wieder hin«, sagte Sam.

»Und wie wollen Sie das machen?«, scherzte Katherine. »Zwiebelpaste in die Löcher stopfen?«

Sam lachte. »Ich bin ganz geschickt mit den Händen«, sagte er. »Mein Boot habe ich selbst gebaut. Wenn das nicht dicht wäre, das könnte ganz schön unangenehm werden.«

Katherine konnte seine großen, kräftigen Hände gar nicht übersehen.

Sie trafen ein Abkommen. Er würde ihr die undichten Stellen im Dach stopfen und sie würde ihm dafür sechs Gläser von ihren eingemachten Pfirsichen geben.

Eine Woche dauerte es, bis Sam das Dach repariert hatte, weil er immer nur nachmittags arbeiten konnte – nachdem die Schule aus war und bevor der Unterricht am Abend begann. Sam durfte nicht am Unterricht teilnehmen, weil er ein Schwarzer war, aber sie erlaubten ihm, das Gebäude zu reparieren.

Während Sam auf dem Dach arbeitete, blieb Miss Katherine normalerweise in der Schule, sah Hefte durch oder machte andere Arbeiten. Viel konnten sie nicht miteinander reden, weil sie alles laut hinauf oder hinunter rufen mussten, aber die Unterhaltung machte ihr Freude. Sie war erstaunt, wie sehr er sich für Dichtung interessierte. Wenn er eine Pause machte, las sie ihm manchmal ein Gedicht vor, und es passierte mehr als einmal, dass sie ein Gedicht von Poe oder Longfellow zu lesen anfing und er es aus dem Gedächtnis zu Ende zitierte.

Sie war traurig, als das Dach fertig war.

»Stimmt etwas nicht?«, fragte er.

»Nein, Sie haben das ganz wundervoll gemacht«, sagte sie. »Es ist nur so, dass – die Fenster lassen sich nicht mehr öffnen. Es wäre so schön für die Kinder und mich, wenn wir ab und zu ein bisschen frische Luft hereinlassen könnten.«

»Das kriegen wir schon wieder hin«, sagte Sam.

Sie gab ihm noch zwei Gläser Pfirsiche und Sam reparierte die Fenster.

Als er an den Fenstern arbeitete, ging es mit der Unterhaltung einfacher. Er erzählte ihr von seinem geheimen Zwiebelfeld auf der anderen Seite des Sees, »wo die Zwiebeln das ganze Jahr über wachsen und das Wasser bergauf fließt«.

Als die Fenster sich wieder öffnen ließen, beklagte sie sich, dass ihr Schreibtisch wackelte.

»Das kriegen wir schon wieder hin«, sagte Sam.

Als sie ihn das nächste Mal traf, erwähnte sie, dass die Tür schief in den Angeln hing, und während er die Tür reparierte, konnte sie wieder einen Nachmittag mit ihm verbringen.

Am Ende des ersten Halbjahres hatte Zwiebel-Sam das alte, heruntergekommene Schulhaus in ein solides, frisch gestrichenes Gebäude verwandelt, ein Juwel, auf das die ganze Stadt stolz war. Alle, die vorübergingen, blieben stehen und bewunderten es. »Das ist unser Schulhaus. Da sieht man doch, welch hohe Bedeutung wir in Green Lake der Erziehung beimessen.«

Die Einzige, die sich nicht freute, war Miss Katherine. Es gab überhaupt nichts mehr zu reparieren.

Eines Nachmittags saß sie an ihrem Schreibtisch und lauschte dem Regen, der aufs Dach trommelte. Kein Wasser drang mehr in das Klassenzimmer, bis auf die wenigen Tropfen, die aus ihren Augen fielen.

»Zwiebeln! Gute, scharfe Zwiebeln!«, hörte sie Sam draußen auf der Straße rufen.

Sie lief zu ihm hinaus. Am liebsten wäre sie ihm um den Hals gefallen, aber das brachte sie nicht fertig. Stattdessen legte sie beide Arme um den Nacken von Mary Lou.

»Stimmt was nicht?«, fragte Sam.

»Ach, Sam«, sagte sie, »mir bricht das Herz!«

»Das kriegen wir schon wieder hin!«, sagte Sam.

Sie drehte sich um und sah ihn an.

Er nahm ihre beiden Hände in seine und dann küsste er sie.

Wegen des Regens war kein Mensch auf der Straße. Aber selbst wenn, so hätten Katherine und Sam es gar nicht bemerkt. Sie befanden sich in ihrer eigenen Welt.

Genau in diesem Moment verließ Hattie Parker den Gemischtwarenladen. Die beiden sahen sie nicht, aber sie sah die beiden. Mit bebendem Finger zeigte sie in ihre Richtung und zischte: »Gott wird euch strafen!«

26

Telefone gab es noch nicht, aber auch so verbreitete sich die Nachricht in Windeseile in der kleinen Stadt. Am Ende des Tages gab es niemanden in Green Lake, der nicht gehört hätte, dass die Lehrerin den Zwiebelverkäufer geküsst hatte.

Nicht ein einziges Kind erschien am nächsten Morgen zum Unterricht.

Miss Katherine saß allein im Klassenzimmer und fragte sich, ob sie sich vielleicht im Wochentag geirrt hatte. Vielleicht war heute ja Samstag. Erstaunt hätte es sie nicht. Seit Sam sie geküsst hatte, waren ihr Kopf und ihr Herz durcheinander geraten.

Sie hörte ein Geräusch vor der Tür und gleich darauf stürmte eine Horde Männer und Frauen das Schulgebäude. Angeführt wurde sie von Trout Walker.

»Da ist sie!«, brüllte Trout. »Da ist die Teufelin!«

Der Pöbel warf Tische und Bänke um und riss die Tafeln von den Wänden.

»Sie hat die Köpfe unserer Kinder vergiftet mit ihren Büchern!«, verkündete Trout. Sie fingen an, sämtliche Bücher mitten im Klassenzimmer aufzutürmen.

»Überlegt euch, was ihr tut!«, schrie Miss Katherine.

Jemand wollte sie packen, riss an ihrem Kleid, aber Miss Katherine schaffte es, aus dem Schulhaus zu entkommen.

Sie rannte zum Büro des Sheriffs.

Der Sheriff hatte die Füße auf den Schreibtisch gelegt und trank Whiskey aus der Flasche. »Morgen, Miss Katherine«, sagte er.

»Sie machen das ganze Schulhaus kaputt!«, rief sie atemlos. »Sie werden es noch abbrennen, wenn niemand sie daran hindert!«

»Beruhigen Sie sich erst mal, meine Hübsche«, meinte der Sheriff gemächlich. »Und dann erzählen Sie mir, worum es eigentlich geht.« Er erhob sich und kam auf sie zu.

»Trout Walker hat –«

»Sie wollen doch wohl nichts Schlechtes über Trout Walker sagen«, unterbrach sie der Sheriff.

»Wir haben nicht viel Zeit«, drängte Miss Katherine. »Sie müssen den Leuten Einhalt gebieten!«

»Du bist weiß Gott ein hübsches Mädchen«, sagte der Sheriff.

Miss Katherine starrte ihn entsetzt an.

»Komm, küss mich«, sagte der Sheriff.

Sie schlug ihn ins Gesicht.

Er lachte. »Den Zwiebelmann hast du doch auch geküsst. Warum dann mich nicht?«

Sie wollte noch einmal zuschlagen, aber er hielt ihre Hand fest.

Sie wand sich, um freizukommen. »Sie sind betrunken!«, schrie sie.

»Ich trinke mir immer einen an, bevor ich jemanden aufhängen muss.«

»Aufhängen? Aber wen denn –?«

»Es ist gegen das Gesetz, wenn ein Nigger eine Weiße küsst.«

»Dann werden Sie mich auch aufhängen müssen«, sagte Katherine. »Ich habe ihn nämlich zurückgeküsst.«

»Wenn du ihn küsst, ist das nicht gegen das Gesetz«, erklärte der Sheriff. »Nur wenn er dich küsst.«

»Vor Gott sind wir alle gleich«, erklärte die Lehrerin.

Der Sheriff lachte. »Wenn Sam und ich gleich sind, warum küsst du mich dann nicht?« Wieder lachte er. »Ich mach dir einen Vorschlag. Einen süßen Kuss von dir, und ich hänge deinen Freund nicht. Ich jage ihn bloß aus der Stadt.«

Miss Katherine riss ihre Hand los. Während sie zur Tür rannte, hörte sie den Sheriff noch sagen: »Sam wird nach dem Gesetz bestraft. Du bekommst deine Strafe von Gott!«

Als sie auf die Straße trat, sah sie Rauch aus dem Schulhaus aufsteigen. Sie rannte zum See hinunter, wo Sam gerade dabei war, Mary Lou vor den Zwiebelkarren zu spannen.

»Gott sei Dank, dass ich dich gefunden habe«, sagte sie und fiel ihm um den Hals. »Wir müssen weg von hier! Sofort!«

»Was –«

»Irgendwer muss uns gestern gesehen haben, als wir uns geküsst haben«, sagte sie. »Sie haben das Schulhaus in Brand gesteckt. Der Sheriff hat gesagt, er wird dich aufhängen!«

Sam zögerte einen Moment lang, so als könnte er nicht glauben, was sie sagte. Er wollte es nicht glauben. »Komm, Mary Lou.«

»Mary Lou müssen wir hier lassen«, sagte Katherine.

Einen Moment lang starrte Sam sie an. Tränen standen in seinen Augen. »Okay.«

Sams Boot lag im Wasser. Es war mit einem langen Seil an einen Baum gebunden. Er band es los und sie wateten durch das Wasser und stiegen ins Boot. Mit seinen kräftigen Armen ruderte Sam vom Ufer weg.

Doch dem motorisierten Boot von Trout Walker waren auch Sams Arme nicht gewachsen. Sie waren kaum weiter als über den halben See gerudert, als Miss Katherine das laute Dröhnen des Motors hörte. Dann sah sie den hässlichen schwarzen Rauch …

Was dann geschah?

Das Boot der Walkers rammte Sams Boot. Sam wurde im Wasser erschossen. Katherine Barlow wurde gegen ihren Willen gerettet. Als sie ans Ufer zurückgebracht wurde, sah sie Mary Lou dort liegen. Jemand hatte den Esel in den Kopf geschossen.

Das alles geschah vor einhundertzehn Jahren. Seit damals ist nicht ein Tropfen Regen auf Green Lake gefallen.

Der Leser mag selbst entscheiden: Wen hat Gott gestraft?

Drei Tage nach Sams Tod erschoss Miss Katherine den Sheriff, während er an seinem Schreibtisch saß und eine Tasse Kaffee trank. Anschließend schminkte sie sich sorgfältig die Lippen rot, bevor sie ihm den Kuss gab, um den er sie gebeten hatte.

Während der nächsten zwanzig Jahre war Kissin' Kate Barlow eine der gefürchtetsten Banditinnen im ganzen amerikanischen Westen.

27

Stanley rammte seine Schaufel in den Boden. In der Mitte war sein Loch ungefähr dreieinhalb Fuß tief. Er knurrte ärgerlich, als er etwas Erde löste und dann aus dem Loch warf. Die Sonne stand fast senkrecht über ihm.

Er schielte zu seiner Flasche hinüber, die neben dem Loch am Boden lag. Er wusste, dass sie halb voll war, aber noch hatte er nichts getrunken. Er musste sparsam mit dem Wasser umgehen, weil er nicht wusste, wer beim nächsten Mal mit dem Wasserwagen kommen würde.

Drei Tage waren vergangen, seit die Chefin Mr. Sir das Gesicht zerkratzt hatte. Jedes Mal, wenn Mr. Sir mit dem Wagen kam, hatte er Stanleys Wasser auf den Boden laufen lassen.

Glücklicherweise hatte Mr. Pendanski ihnen öfter Wasser gebracht als Mr. Sir. Anscheinend wusste Mr. Pendanski, was Mr. Sir tat, denn er gab Stanley jedes Mal eine Extraration. Er füllte ihm die Flasche, ließ ihn einen großen Schluck trinken und machte ihm dann die Flasche noch einmal voll.

Außerdem half es ihm, dass Zero einen Teil seines Lochs für ihn grub. Obwohl es tatsächlich so war, wie Stanley es hatte kommen sehen: Den anderen Jungs gefiel es gar nicht, dass Stanley herumsaß, während sie arbeiteten. Sie sagten Dinge wie: »Wer ist denn gestorben, dass du jetzt König bist?« Oder: »Es muss doch nett sein, seinen eigenen Sklaven zu haben.«

Wenn er ihnen zu erklären versuchte, dass er schließlich die Sache mit den Sonnenblumenkernen auf seine Kappe genommen hatte, sagten die anderen, er sei ja auch schuld gewesen, schließlich habe er den Sack fallen lassen. »Ich hab mein Leben riskiert für die Dinger«, hatte Magnet gesagt, »und dann hab ich nur eine kümmerliche Hand voll bekommen.«

Stanley hatte ihnen auch zu erklären versucht, dass er seine Kräfte sparen musste, um Zero Lesen beizubringen, aber die anderen machten sich nur lustig über ihn.

»Ist doch immer das Gleiche, stimmt's, Deo?«, hatte X-Ray gesagt. »Der Weiße sitzt bloß rum und lässt den Schwarzen die ganze Arbeit machen. Ist doch so, Höhlenmensch, oder?«

»Nein, das ist nicht richtig«, hatte Stanley geantwortet.

»Genau«, hatte X-Ray zugestimmt. »So was ist absolut nicht richtig.«

Stanley beförderte die nächste Ladung Erde nach draußen. Er wusste, dass X-Ray nicht so geredet hätte, wenn er derjenige gewesen wäre, der Zero das Lesen beibrachte. Dann hätte er damit angegeben, wie wichtig es sei, dass er seine Ruhe bekäme – *richtig?* Damit er ein besserer Lehrer wäre – *richtig?*

Es war auch so. Er musste tatsächlich seine Kräfte schonen, um ein besserer Lehrer zu sein, auch wenn Zero schnell lernte. Manchmal hoffte Stanley sogar, dass die Chefin sie beobachtete mit ihren geheimen Kameras und Mikrofonen, damit sie wusste, dass Zero nicht so dumm war, wie jeder glaubte.

Über den See sah er die Staubfahne kommen. Er nahm einen Schluck aus seiner Flasche und wartete ab, wer am Steuer saß.

Die Schwellung in Mr. Sirs Gesicht war zurückgegangen, aber ein bisschen aufgedunsen sah er immer noch aus. Drei Kratzer hatte er im Gesicht gehabt. Zwei von ihnen waren verblasst, aber der mittlere musste der tiefste gewesen sein. Er war nämlich immer noch zu sehen – eine dunkelrote, gezackte Linie, die vom Auge bis zum Kinn hinunterlief, wie eine Tätowierung, die wie eine Narbe aussehen sollte.

Stanley stellte sich an, dann reichte er Mr. Sir die Flasche. Mr. Sir hielt sie ans Ohr und schüttelte sie. Er grinste, als er das Wasser in der Flasche plätschern hörte.

Stanley hoffte, dass er es nicht ausleeren würde.

Zu seiner Überraschung hielt Mr. Sir die Flasche unter den Wasserstrahl und füllte sie auf.

»Warte hier«, sagte er.

Stanleys Flasche immer noch in der Hand ging Mr. Sir an ihm vorbei um den Wagen herum und stieg ins Führerhaus, wo er nicht gesehen werden konnte.

»Was macht er da drin?«, fragte Zero.

»Wenn ich das wüsste!«, antwortete Stanley.

Kurz darauf erschien Mr. Sir wieder und reichte Stanley die Flasche. Sie war immer noch voll.

»Danke, Mr. Sir.«

Mr. Sir grinste ihn an. »Worauf wartest du noch?«, fragte er. »Trink aus!« Er warf sich ein paar Sonnenblumenkerne in den Mund, kaute darauf herum und spuckte die Schalen aus.

Stanley hatte Angst, das Wasser zu trinken. Er mochte nicht daran denken, was Mr. Sir Ekliges hineingetan haben könnte.

Er nahm die Flasche mit hinüber zu seinem Loch. Lange Zeit ließ er sie da stehen, während er weitergrub. Dann, als er so durstig war, dass er es kaum noch aushalten konnte, schraubte er den Deckel ab, drehte die Flasche um und kippte den gesamten Inhalt aus. Wenn er noch eine Sekunde länger gewartet hätte, hätte er vielleicht doch einen Schluck getrunken.

Nachdem Stanley Zero die letzten sechs Buchstaben des Alphabets gezeigt hatte, brachte er ihm bei, wie er seinen Namen schreiben musste.

»Großes Z – e – r – o.«

Zero schrieb die Buchstaben hin, während Stanley sie diktierte. »Zero«, sagte er und starrte auf sein Blatt Papier. Sein Lächeln war so breit, dass es nicht mehr auf sein Gesicht passte.

Stanley sah ihm zu, wie er seinen Namen ein ums andere Mal hinschrieb.

Zero Zero Zero Zero Zero Zero Zero …

Irgendwie machte es ihn traurig. Er musste immer denken, dass hundert Mal Null immer noch nichts war.

»Weißt du, eigentlich ist das gar nicht mein richtiger Name«, sagte Zero, als sie zum Essen zurück zum Aufenthaltsraum gingen.

»Das hab ich mir fast gedacht«, antwortete Stanley. Er war sich nie so ganz sicher gewesen.

»Alle haben Zero zu mir gesagt, schon bevor ich hergekommen bin.«

»Ach so. Okay.«

»Mein richtiger Name ist Hector.«

»Hector«, wiederholte Stanley.

»Hector Zeroni.«

28

Zwanzig Jahre später kehrte Kate Barlow nach Green Lake zurück. Hier würde niemand sie je finden – in einer Geisterstadt an einem Geistersee.

Die Pfirsichbäume waren alle abgestorben, nur ein paar kleine Eichen wuchsen noch neben einer alten, verlassenen Hütte. Diese Hütte hatte einmal am Ostufer des Sees gestanden. Jetzt befand sich das Ufer mehr als fünf Meilen entfernt und der See war nicht mehr als ein kleiner Tümpel mit dreckigem Wasser.

In diese Hütte zog Kate Barlow ein. Manchmal hörte sie noch das Echo von Sams Stimme über das weite Land hallen: »Zwiebeln! Süße, frische Zwiebeln!«

Sie wusste, dass sie verrückt war. Sie wusste, dass sie seit zwanzig Jahren verrückt war.

»Ach, Sam!«, sagte sie in die weite Leere hinein, »ich weiß, dass es heiß ist, aber mir ist so schrecklich kalt. Meine Hände sind kalt. Meine Füße sind kalt. Mein Gesicht ist kalt. Mein Herz ist kalt.«

Und manchmal hörte sie ihn sagen: »Das kriegen wir schon wieder hin«, und dann fühlte sie seinen warmen Arm, der sich um ihre Schulter legte.

Über drei Monate lebte sie schon in der Hütte, als sie eines Morgens davon aufwachte, dass jemand die Tür auftrat. Als sie die Augen öffnete, sah sie direkt vor ihrer Nase verschwommen das Ende eines Gewehrlaufes.

Sie roch Trout Walkers ungewaschene Füße.

»Du hast genau zehn Sekunden, um mir zu sagen, wo du deine Beute versteckt hast«, sagte Trout. »Sonst jage ich dir eine Kugel in den Kopf.«

Kate gähnte.

Eine rothaarige Frau war zusammen mit Trout hereingekommen. Kate sah, wie sie die Hütte durchwühlte, Schubladen ausleerte und Dinge aus Schrankfächern fegte.

Die Frau kam auf sie zu. »Wo ist das Zeug?«, verlangte sie zu wissen.

»Linda Miller?«, fragte Kate. »Bist du das?«

Linda Miller war in der vierten Klasse gewesen, als Kate Barlow noch Lehrerin gewesen war. Sie war ein niedliches, sommersprossiges Mädchen mit wunderschönem rotem Haar gewesen. Jetzt war ihr Gesicht voller Pickel und ihr Haar schmutzig und wirr.

»Inzwischen heißt sie Linda Walker«, sagte Trout.

»Oh, Linda, das tut mir so Leid!«, sagte Kate.

Trout presste ihr sein Gewehr gegen den Hals. »Wo ist deine Beute?«

»Es gibt keine Beute«, sagte Kate.

»Komm mir nicht damit!«, brüllte Trout. »Du hast doch jede Bank zwischen hier und Houston ausgeraubt.«

»Sagen Sie es ihm lieber«, sagte Linda. »Wir sind völlig am Ende.«

»Du hast ihn wegen seines Geldes geheiratet, stimmt's?«, fragte Kate.

Linda nickte. »Aber es ist alles weg: die Pfirsichbäume, das Vieh. Vertrocknet wie der See. Immer habe ich gedacht: Es muss doch bald regnen. Diese Dürre kann doch nicht immer anhalten. Aber es wurde immer nur heißer und heißer und heißer …« Ihr Blick fiel auf die Schaufel, die am Kamin lehnte. »Sie haben es vergraben!«, entfuhr es ihr.

»Ich weiß nicht, wovon du sprichst«, sagte Kate.

Es tat einen lauten Knall, als Trout sein Gewehr direkt über Kates Kopf abfeuerte. Das Fenster hinter ihr zersprang. »Wo hast du das Zeug vergraben?«, schrie er.

»Los, Trout, erschieß mich ruhig«, sagte Kate. »Ich hoffe nur, dass es dir Spaß macht zu graben. Du wirst nämlich sehr lange graben. Da draußen ist ein riesiges Ödland. Ihr beide, eure Kinder und deren Kinder, ihr könnt die nächsten hundert Jahre graben – finden werdet ihr doch nichts.«

Linda packte Kate an den Haaren und riss ihren Kopf zurück. »Umbringen werden wir dich nicht«, sagte sie, »aber wenn wir mit dir fertig sind, dann wirst du dir wünschen, du wärst tot.«

»Das wünsche ich mir schon seit zwanzig Jahren«, sagte Kate.

Sie zerrten sie aus dem Bett und stießen sie vors Haus. Sie trug einen blauen Seidenpyjama. Ihre mit Türkisen besetzten schwarzen Stiefel blieben neben ihrem Bett stehen.

Sie banden ihr die Beine locker zusammen, so dass sie zwar laufen, aber nicht wegrennen konnte. Sie ließen sie barfuß über den heißen Sand gehen.

Sie erlaubten ihr nicht, stehen zu bleiben.

»Erst wenn du uns zu der Beute geführt hast«, sagte Trout.

Linda schlug Kate mit der Schaufel von hinten gegen die Beine. »Früher oder später bringst du uns doch hin. Dann kannst du es geradeso gut auch früher tun.«

Sie lief erst hierhin, dann dorthin, bis ihre Füße schwarz und voller Blasen waren. Wann immer sie stehen blieb, stieß Linda sie mit der Schaufel vorwärts.

»Langsam verliere ich die Geduld«, drohte Trout.

Kate fühlte die Schaufel im Rücken, bevor sie auf den harten Erdboden fiel.

»Steh auf!«, befahl Linda.

Kate rappelte sich mühsam auf.

»Heute haben wir es noch gut mit dir gemeint«, sagte Trout. »Aber es wird jeden Tag schlimmer werden, so lange, bis du uns zu der Stelle führst.«

»Vorsicht!«, schrie Linda.

Eine Eidechse machte einen Satz auf sie zu. Kate sah ihre großen roten Augen.

Linda versuchte mit der Schaufel nach dem Tier zu schlagen und Trout feuerte einen Schuss ab, aber keiner von beiden traf.

Die Eidechse landete auf Kates nacktem Knöchel. Ihre scharfen, schwarzen Zähne gruben sich in ihr Bein. Die weiße Zunge schleckte die Blutstropfen auf, die aus der Wunde tropften.

Kate lächelte. Jetzt konnten sie ihr nichts mehr anhaben. »Fangt an zu graben!«, sagte sie.

»Wo ist es?«, kreischte Linda.

»Wo hast du es vergraben?«, herrschte Trout sie an.

Kate Barlow starb lachend.

TEIL ZWEI

Das letzte Loch

29

Das Wetter änderte sich.

Zum Schlechteren.

Die Luft wurde unerträglich feucht. Stanley war schweißgebadet. Wassertropfen rannen am Griff seiner Schaufel hinab. Es war fast, als hätte die Temperatur eine solche Höhe erreicht, dass die Luft selbst schon schwitzte.

Das Echo eines Donners hallte über den leeren See.

Weit drüben im Westen, hinter den Bergen, gab es ein Gewitter. Nach Stanleys Zählung vergingen mehr als dreißig Sekunden zwischen Blitz und Donner. So weit entfernt war das Gewitter. Über Ödland kann der Schall sehr große Entfernungen zurücklegen.

Normalerweise konnte Stanley die Berge um diese Tageszeit nicht sehen. Das war sonst immer nur möglich, wenn die Sonne gerade aufging, bevor der Dunstschleier aufzog. Jetzt jedoch war der Himmel im Westen ganz dunkel, und jedes Mal, wenn ein Blitz aufleuchtete, zeichnete sich für einen Moment die dunkle Silhouette der Berge ab.

»Komm schon, Regen!«, brüllte Deo. »Hierher!«

»Vielleicht gießt es ja so, dass der ganze See voll wird«, meinte Torpedo. »Dann können wir schwimmen gehen!«

»Vierzig Tage und vierzig Nächte«, sagte X-Ray. »Vielleicht sollten wir lieber schon mal anfangen, eine Arche zu bauen. Denkt dran – von jedem Tier zwei!«

»Klar«, sagte Zickzack, »zwei Klapperschlangen, zwei Skorpione, zwei gelb gefleckte Eidechsen.«

Durch die Feuchtigkeit, vielleicht auch durch die Elektrizität, die in der Luft lag, sah Zickzacks Kopf noch wilder aus als sonst. Sein krauses blondes Haar stand fast senkrecht hoch.

Ein weitgespanntes Netz aus Blitzen erhellte den Horizont. In diesem Moment schien es Stanley, als sähe er eine ungewöhnliche Felsformation auf einem der Berggipfel. Der Gipfel sah für ihn so aus wie eine riesige Faust, aus der der Daumen senkrecht in die Höhe ragte.

Dann war das Bild auch schon verschwunden.

Und Stanley war sich nicht sicher, ob er es gesehen hatte oder nicht.

»Ich habe auf Gottes Daumen Zuflucht gefunden.«

Das hatte sein Urgroßvater angeblich gesagt, nachdem Kate Barlow ihn ausgeraubt und in der Wüste zurückgelassen hatte.

Niemand kam je dahinter, was er damit gemeint hatte. Als er es sagte, war er im Delirium.

»Aber wie konnte er drei Wochen lang ohne Essen und ohne Wasser überleben?«, hatte Stanley seinen Vater gefragt.

»Ich weiß es nicht, ich war nicht dabei«, hatte sein Vater geantwortet. »Ich war damals noch nicht geboren. Auch mein Vater war damals noch nicht auf der Welt. Meine Großmutter, deine Urgroßmutter, war Krankenschwester in dem Krankenhaus, in dem er behandelt wurde. Er hat uns immer wieder erzählt, wie sie seine Stirn mit einem kalten, nassen Tuch gekühlt hat. Er sagte, deswegen habe er sich in sie verliebt. Er hielt sie für einen Engel.«

»Einen echten Engel?«

Sein Vater wusste es nicht.

»Und als es ihm wieder besser ging? Hat er nie gesagt, was er mit *Gottes Daumen* meinte, oder erzählt, wie er überlebt hat?«

»Nein, er hat immer nur auf seinen Vater geschimpft, diesen Tunichtgut und Schweinedieb. Der sei an allem schuld gewesen.«

Das Gewitter zog weiter nach Westen und nahm alle Hoffnung auf Regen mit sich. Doch das Bild der Faust mit dem Daumen vergaß Stanley nicht. Nur war es so, dass für ihn das Licht nicht von dem Blitz gekommen war, der hinter dem Daumen aufflammte, sondern aus dem Daumen selbst, gerade so, als wäre er der Daumen Gottes.

30

An nächsten Tag hatte Zickzack Geburtstag. Behauptete er wenigstens. Als alle schon auf dem Weg nach draußen waren, lag Zickzack noch in seiner Koje. »Ich darf heute ausschlafen, ich hab nämlich Geburtstag.«

Kurz darauf quetschte er sich vor Torpedo in die Schlange vor dem Tisch, an dem das Frühstück ausgegeben wurde. Torpedo wollte ihn nach hinten schicken. »Ich hab Geburtstag!«, sagte Zickzack und blieb, wo er war.

»Du hast überhaupt nicht Geburtstag!«, sagte Magnet, der hinter Torpedo stand.

»Und ob!«, sagte Zickzack. »Am achten Juli!«

Stanley stand hinter Magnet. Er hatte keine Ahnung, was für ein Wochentag heute war, vom Datum ganz zu schweigen. Es konnte schon sein, dass es der achte Juli war, aber woher wollte Zickzack das wissen?

Er versuchte sich auszurechnen, wie lange er jetzt schon in Camp Green Lake war, ob es vielleicht tatsächlich der achte Juli sein konnte. »Also«, sagte er laut, »ich bin am vierundzwanzigsten Mai hergekommen, das wären dann –«

»Sechsundvierzig Tage«, sagte Zero.

Stanley war erst dabei zu überlegen, wie viele Tage der Mai und der Juni eigentlich hatten. Er schaute Zero an. Wenn es um Zahlen ging, das hatte er inzwischen begriffen, gab es keinen Grund, an Zeros Worten zu zweifeln.

Sechsundvierzig Tage. Seinem Gefühl nach waren es eher über tausend. An seinem ersten Tag hatte er kein Loch gegraben und heute hatte er noch keins gegraben. Also hatte er vierundvierzig Löcher gegraben – falls heute wirklich der achte Juli war.

»Kann ich heute zwei Päckchen Saft haben?«, fragte Zickzack Mr. Sir. »Ich hab nämlich Geburtstag.«

Zum großen Erstaunen aller bekam er tatsächlich zwei.

Stanley hieb die Schaufel in die Erde. Loch Nummer 45. »Das fünfundvierzigste Loch ist das schwerste«, sagte er sich. Aber eigentlich war das nicht wahr und das wusste er auch. Er war viel kräftiger als damals, als er ankam. Sein Körper hatte sich irgendwie an die Hitze und die rauen Bedingungen gewöhnt.

Mr. Sir enthielt ihm auch nicht länger das Wasser vor. Nachdem er etwa eine Woche lang mit weniger Wasser auskommen musste, hatte Stanley jetzt das Gefühl, mehr als genug Wasser zu haben.

Natürlich war es ihm schon eine Hilfe, dass Zero ihm

jeden Tag einen Teil seines Loches grub, aber eine so große Hilfe, wie jeder dachte, war es auch wieder nicht. Er fühlte sich immer ein bisschen ungemütlich, wenn Zero für ihn grub, und wusste nicht, was er mit sich anfangen sollte. Meistens stand er erst eine Weile herum, bevor er sich irgendwann ein Stück abseits auf den harten Erdboden setzte und sich die Sonne auf den Kopf knallen ließ.

Immerhin war es besser als graben zu müssen.

Aber auch nicht viel besser.

Als die Sonne aufging, hielt Stanley Ausschau nach dem Daumen Gottes. Die Berge waren wenig mehr als dunkle Schatten am Horizont.

Es kam ihm so vor, als könne er einen Punkt ausmachen, an dem vom Gipfel eines Berges etwas aufzuragen schien, aber besonders eindrucksvoll war das nicht. Kurze Zeit später waren die Berge nicht mehr zu sehen. Sie waren verschwunden hinter dem gleißenden Licht der Sonne, das die staubige Luft reflektierte.

Es konnte ja durchaus sein, dämmerte ihm, dass sein Urgroßvater irgendwo hier in der Gegend von Kate Barlow ausgeraubt worden war. Falls es tatsächlich ihre Lippenstifthülse war, die er gefunden hatte, musste sie ganz in der Nähe gelebt haben.

Zero löste ihn vor der Mittagspause ab. Stanley kletterte aus seinem Loch und Zero kletterte hinein.

»He, Höhlenmensch«, sagte Zickzack. »Warum besorgst du dir nicht 'ne Peitsche? Dann kannst du deinem Sklaven eins überziehen, wenn er nicht schnell genug gräbt.«

»Er ist nicht mein Sklave«, antwortete Stanley. »Wir haben ein Abkommen, das ist alles.«

»Schönes Abkommen – zumindest für dich.«

»Es war Zeros Idee, nicht meine.«

»Kapierst du das nicht, Zick?« X-Ray schlenderte zu ihnen herüber. »Der Höhlenmensch tut Zero einen großen Gefallen. Zero gräbt doch so gerne.«

»Das ist aber ehrlich nett von ihm, dass er Zero sein Loch überlässt«, sagte Torpedo.

»Und was ist mit mir?«, fragte Deo. »Ich grab doch auch so gern Löcher. Lässt du mich auch für dich graben, Höhlenmensch, wenn Zero fertig ist?«

Die anderen Jungen lachten.

»Nein«, sagte Zickzack, »*ich* möchte so gern. Schließlich ist heute mein Geburtstag.«

Stanley tat sein Bestes, sie zu ignorieren.

Zickzack machte weiter. »Komm schon, Höhlenmensch, sei kein Spielverderber. Lass mich für dich graben!«

Stanley grinste, als wäre alles nur Spaß.

Als Mr. Pendanski mit Wasser und Essen kam, bot Zickzack Stanley seinen Platz in der Schlange an. »Weil du doch so viel besser bist als ich.«

Stanley rührte sich nicht von der Stelle. »Das hab ich nie behaup–«

»Du beleidigst ihn, Zickzack«, sagte X-Ray. »Wieso sollte Stanley deinen Platz einnehmen, wo er es doch eigentlich verdient hat, ganz vorn zu stehen. Er ist besser als wir alle. Stimmt doch, Höhlenmensch, oder?«

»Nein«, sagte Stanley.

»Und ob«, sagte X-Ray. »Komm jetzt nach vorn, wo du hingehörst.«

»Ist schon okay so«, meinte Stanley.

»Nein, es ist nicht okay«, sagte X-Ray. »Komm her.«

Stanley zögerte, dann stellte er sich an die Spitze der Reihe.

»So, es geht los«, meinte Mr. Pendanski, der gerade um den Wagen herumkam. Er füllte Stanleys Wasserflasche und reichte ihm einen Beutel mit Essen.

Stanley war froh, dass er wegkonnte. Er setzte sich zwischen sein Loch und das von Zero. Er war froh, dass er den Rest des Tages wieder selbst an seinem Loch graben konnte. Vielleicht würden die anderen ihn jetzt in Ruhe lassen. Vielleicht sollte er Zero nicht mehr für sich graben lassen.

Andererseits musste er seine Kräfte schonen, um ein guter Lehrer zu sein.

Er biss in sein Sandwich, das mit irgendeiner Fleisch- und-Käse-Mischung aus der Dose belegt war. So gut wie alles, was ihnen hier in Green Lake vorgesetzt wurde, kam aus der Büchse. Einmal im Monat brachte ein LKW Nachschub.

Er blickte auf und sah, wie Zickzack und Torpedo auf ihn zukamen.

»Du kannst meinen Keks haben, wenn du mich dein Loch graben lässt«, sagte Zickzack.

Torpedo lachte.

»Hier, nimm«, sagte Zickzack und hielt ihm den Keks hin.

»Nein, danke«, sagte Stanley.

»Los, mach schon, nimm meinen Keks!«, sagte Zickzack und fuchtelte ihm mit der Hand vorm Gesicht herum.

»Lass mich in Ruhe«, sagte Stanley.

»Bitte, bitte, iss meinen Keks«, sagte Zickzack und hielt ihn ihm direkt vor die Nase.

Torpedo lachte.

Stanley stieß die Hand mit dem Keks beiseite.

Zickzack versetzte ihm einen Stoß. »Lass die Finger von mir!«

»Ich hab doch gar nichts –« Stanley stand auf. Er schaute sich um. Mr. Pendanski füllte gerade Zeros Wasserflasche.

Zickzack stieß ihn noch einmal. »Ich hab gesagt, du sollst die Finger von mir lassen!«

Stanley trat einen Schritt zurück, hütete sich aber, Zeros Loch zu nahe zu kommen.

Zickzack ließ nicht von ihm ab. Er stieß ihn und sagte: »Hör jetzt endlich auf, mich dauernd zu schubsen!«

»Lass gut sein«, sagte Deo, der mit Magnet und X-Ray dazukam.

»Wieso sollte er?«, blaffte X-Ray ihn an. »Der Höhlenmensch ist doch größer als Zickzack. Der braucht deine Hilfe nicht.«

»Ich will doch gar keinen Ärger«, sagte Stanley.

Beim nächsten Mal stieß Zickzack ihn mit Wucht. »Iss jetzt meinen Keks!«

Stanley war froh, als er sah, dass Mr. Pendanski auf ihn zukam, zusammen mit Zero.

»Hi, Mom«, sagte Deo. »Wir machen nur ein bisschen Quatsch.«

»Ich habe alles gesehen«, sagte Mr. Pendanski. Er wandte sich an Stanley. »Auf, Stanley«, sagte er, »schlag zurück. Du bist größer.«

Stanley starrte Mr. Pendanski erstaunt an.

»Verpass ihm einen Denkzettel, dem miesen Kerl!«

Zickzack schlug Stanley mit der flachen Hand auf die Schulter. »Los, mach schon, verpass mir doch endlich den Denkzettel!«

Stanley machte einen schwachen Versuch, Zickzack zu schlagen. Im nächsten Augenblick hagelte es Faustschläge auf seinen Kopf und seinen Nacken. Zickzack hielt ihn mit einer Hand am Kragen, während er mit der anderen zuschlug.

Der Kragen riss und Stanley fiel rücklings zu Boden.

»Es reicht«, brüllte Mr. Pendanski.

Zickzack reichte es noch nicht. Mit einem Satz sprang er auf Stanley.

»Aufhören!«, rief Mr. Pendanski.

Zickzack hielt Stanleys Kopf fest am Boden, so dass die eine Wange in den Dreck gepresst wurde. Stanley versuchte, die Arme schützend vor sich zu halten, aber Zickzack hieb sie ihm mit den Fäusten weg und schlug ihn mitten ins Gesicht.

Er konnte nichts anderes tun als zu warten, bis es vorbei war.

Dann, auf einmal, war Zickzack nicht mehr über ihm. Stanley schaffte es aufzublicken und sah, dass Zero einen Arm fest um Zickzacks langen Hals gelegt hatte.

Zickzack stieß einen Ton aus, als würde er gleich ersticken, während er verzweifelt versuchte, Zeros Arm wegzustoßen.

»Du bringst ihn noch um!«, brüllte Mr. Pendanski.

Zero drückte weiter zu.

Deo warf sich dazwischen und befreite Zickzack aus dem Würgegriff. Die drei Jungen fielen zu Boden, jeder in eine andere Richtung.

Mr. Pendanski feuerte aus seiner Pistole in die Luft.

Die übrigen Betreuer kamen angerannt – vom Büro, von den Zelten oder vom See draußen. Alle hatten sie ihre Pistolen gezogen, steckten sie aber wieder weg, als sie sahen, dass sich der Sturm anscheinend wieder gelegt hatte.

Die Chefin kam von ihrer Hütte herüber.

»Es hat eine Prügelei gegeben«, erklärte ihr Mr. Pendanski. »Zero hat Ricky fast erwürgt.«

Die Chefin sah Zickzack an, der immer noch seinen Hals dehnte und massierte. Dann wandte sie sich Stanley zu, dem es offensichtlich am schlechtesten ging. »Was ist mit dir?«

»Nichts. Nur eine Prügelei.«

»Zick hat den Höhlenmensch verdroschen«, sagte Deo. »Dann hat Zero angefangen, Zickzack zu erwürgen, und ich musste Zero von Zickzack wegzerren. Es war alles schon wieder vorbei, bevor Mom seine Pistole abgefeuert hat.«

»Die Jungs waren bloß ein bisschen hitzig, mehr nicht«, sagte X-Ray. »Sie wissen doch, wie das ist. Den ganzen Tag in der Sonne. Da wird einem heiß, stimmt's? Aber jetzt hat sich alles wieder abgekühlt.«

»Ich verstehe«, sagte die Chefin. Sie wandte sich an Zickzack. »Was war denn los? Haben sie dir kein Hündchen zum Geburtstag geschenkt?«

»Zick ist es nur ein bisschen heiß geworden«, sagte X-Ray. »Den ganzen Tag draußen in der Sonne. Sie wissen doch, wie das ist. Da fängt das Blut an zu kochen.«

172

»War das so, Zickzack?«, fragte die Chefin.

»Ja«, sagte Zickzack. »Genau wie X-Ray gesagt hat. Den ganzen Tag schuftet man in der Hitze und der Höhlenmensch sitzt bloß rum und tut nichts. Da ist mir eben das Blut übergekocht.«

»Pardon?«, sagte die Chefin. »Der Höhlenmensch gräbt seine Löcher genauso wie alle anderen.«

Zickzack zuckte mit den Schultern. »Manchmal.«

»Pardon?«

»Zero hilft dem Höhlenmensch jeden Tag bei seinem Loch«, sagte Torpedo.

Die Chefin schaute erst Torpedo an, dann Stanley und schließlich Zero.

»Ich bringe ihm Lesen und Schreiben bei«, sagte Stanley. »Wir haben so was wie ein Abkommen. Das Loch wird ja so oder so gegraben, da ist es doch egal, wer es macht, oder?«

»Pardon?«, fragte die Chefin.

»Ist es nicht wichtiger, dass er Lesen lernt?«, fragte Stanley. »Bringt das nicht mehr für den Charakter als Löcher graben?«

»Vielleicht für *seinen* Charakter – aber was ist mit deinem?«

Stanley zuckte mit den Achseln.

Die Chefin wandte sich an Zero: »Nun, Zero, was hast du denn bis jetzt gelernt?«

Zero schwieg.

»Willst du sagen, du hast für nichts und wieder nichts für den Höhlenmensch gegraben?«

»Er gräbt nun mal gern Löcher«, sagte Mr. Pendanski.

»Erzähl mir, was du gestern gelernt hast«, sagte die Chefin. »Daran wirst du dich doch erinnern!«

Zero schwieg.

Mr. Pendanski lachte. Er hob eine Schaufel auf und sagte: »Geradeso gut könnte man versuchen, dieser Schaufel Lesen und Schreiben beizubringen! Die hat noch mehr Grips als Zero.«

»Wörter, die auf -*at* enden«, sagte Zero.

»Wörter, die auf -*at* enden«, wiederholte die Chefin. »Nun gut, dann sag mir mal, welches Wort ich jetzt buchstabiere: c – a – t?«

Zero blickte unsicher umher.

Stanley wusste, dass Zero die Frage beantworten konnte. Er mochte nur grundsätzlich keine Fragen beantworten.

»Cat«, sagte Zero.

Mr. Pendanski klatschte in die Hände. »Bravo! Bravo! Der Junge ist ein Genie!«

»Und f – a – t?«, fragte die Chefin.

Zero dachte einen Moment lang nach.

»Eff«, flüsterte Zero. »Eff – at. Fat«

»Und was ist mit h – a – t?«

Dass der Buchstabe h allein »eitsch« ausgesprochen wird, hatte Stanley ihm noch nicht beigebracht.

174

Zero überlegte angestrengt, flüsterte leise »eitsch« vor sich hin und sagte dann: »Chat.«

Alle Betreuer lachten.

»Habe ich's nicht gleich gesagt? Er ist ein Genie!«, sagte Mr. Pendanski. »Er ist so blöd, dass er nicht mal weiß, wie blöd er ist.«

Stanley wusste nicht, warum Mr. Pendanski sich so auf Zero eingeschossen hatte. Wenn er nur mal nachgedacht hätte, wäre ihm doch klar geworden, dass es absolut logisch war, wenn Zero glaubte, dass der Buchstabe h wie »tsch« ausgesprochen wurde.

»Okay, ich möchte nicht, dass in Zukunft noch irgendwer für einen anderen gräbt«, sagte die Chefin. »Und Leseunterricht gibt es auch nicht mehr!«

»Ich grabe kein Loch mehr«, sagte Zero.

»Gut«, antwortete die Chefin. Sie wandte sich an Stanley. »Du weißt doch, warum du Löcher gräbst, oder? Weil es gut ist für dich. Du lernst etwas dabei. Wenn Zero für dich gräbt, dann kannst du nichts lernen, stimmt's?«

»Vermutlich nicht«, murmelte Stanley, obwohl er wusste, dass er nicht nur deswegen graben musste, weil er etwas lernen sollte. Die Chefin suchte nach etwas. Etwas, das Kissin' Kate Barlow gehörte.

»Warum kann ich nicht selber mein Loch graben, aber trotzdem Zero das Lesen beibringen?«, fragte er. »Was wäre daran verkehrt?«

»Das will ich dir sagen«, antwortete die Chefin. »Es führt nur zu Ärger. Zero hat Zickzack fast umgebracht.«

»Er gerät unter Stress«, sagte Mr. Pendanski. »Ich weiß, dass du es gut meinst, Stanley, aber du musst den Tatsachen einfach ins Auge blicken. Zero ist zu blöd, um Lesen zu lernen. Deswegen kocht ihm das Blut über. Nicht wegen der Sonne.«

»Ich grabe kein Loch mehr«, sagte Zero.

Mr. Pendanski reichte ihm die Schaufel. »Hier, nimm, Zero. Das ist das Einzige, wofür du je taugen wirst.«

Zero nahm die Schaufel.

Er schwang sie wie einen Baseballschläger.

Das Metallblatt landete in Mr. Pendanskis Gesicht. Die Knie sackten ihm weg. Bevor er noch am Boden lag, war er schon ohnmächtig.

Alle Betreuer zogen ihre Pistolen.

Zero hielt die Schaufel vor sich, als könnte er damit die Kugeln abwehren. »Ich hasse es, Löcher zu graben«, sagte er. Dann ging er langsam rückwärts.

»Erschießt ihn nicht«, sagte die Chefin. »Weit kommt er sowieso nicht. Und eine Ermittlung ist das Letzte, was wir brauchen können.«

Zero ging immer weiter rückwärts, vorbei an den vielen Löchern, die die Jungen gegraben hatten, und dann immer weiter auf den See hinaus.

»Wenn er kein Wasser mehr hat, kommt er sowieso zurück«, sagte die Chefin.

Stanley sah Zeros Wasserflasche neben dem Loch auf dem Boden liegen.

Mehrere Betreuer hoben Mr. Pendanski auf und brachten ihn in den Wagen.

Stanley suchte mit den Augen nach Zero, aber der war bereits im Dunst verschwunden.

Die Chefin befahl den Betreuern, abwechselnd in den Duschen und im Aufenthaltsraum Wache zu halten, Tag und Nacht. Zero durfte kein Wasser trinken. Wenn er zurückkam, sollte er sofort zu ihr gebracht werden.

Sie betrachtete ihre Fingernägel und sagte: »Es ist wohl wieder an der Zeit, dass ich meine Nägel frisch lackiere.«

Bevor sie ging, sagte sie den verbliebenen Jungen noch, dass sie trotz allem von Gruppe D sieben Löcher erwarte.

31

Wütend hieb Stanley seine Schaufel in die Erde. Er hatte auf alle eine Wut – auf Mr. Pendanski, die Chefin, Zickzack, X-Ray und seinen Ururgroßvater, diesen elenden Tunichtgut und Schweinedieb. Die allergrößte Wut aber hatte er auf sich selbst.

Er wusste, dass er es Zero niemals hätte erlauben dürfen, für ihn einen Teil seines Lochs zu graben. Er hätte ihm trotzdem noch das Lesen beibringen können. Wenn Zero den ganzen Tag graben konnte und trotzdem noch die Kraft hatte, etwas zu lernen, dann hätte er auch genug Kraft haben müssen, den ganzen Tag zu graben und Zero trotzdem noch etwas beizubringen.

Eigentlich, dachte er, sollte er Zero nachgehen.

Aber er tat es nicht.

Keiner von den anderen half ihm, Zeros Loch zu graben, und er erwartete es auch nicht von ihnen. Zero hatte ihm geholfen, sein Loch zu graben. Jetzt musste er eben das von Zero graben.

Stanley blieb draußen auf dem See und grub während der heißesten Stunden des Tages weiter, lange nachdem alle anderen schon gegangen waren. Er schaute sich immer wieder mal nach Zero um, doch Zero kam nicht zurück.

Es wäre leicht gewesen, Zero hinterherzugehen. Es war niemand da, der ihn daran hätte hindern können. Die ganze Zeit dachte er, dass er es tun sollte.

Vielleicht könnten sie auf den Großen Daumen steigen. Vorausgesetzt, es war nicht zu weit bis dahin. Und vorausgesetzt, dass das wirklich der Ort war, an dem sein Urgroßvater Zuflucht gefunden hatte. Und vorausgesetzt, dass es dort oben, nach hundert oder noch mehr Jahren, immer noch Wasser gab.

Sehr wahrscheinlich war das allerdings nicht. Nicht, wenn ein ganzer See ausgetrocknet war.

Doch selbst wenn sie auf dem Großen Daumen Zuflucht fänden, dachte er, so müssten sie doch irgendwann hierher zurückkehren. Dann müssten sie sich beide der Chefin stellen und ihren Klapperschlangenfingern.

Stattdessen kam ihm eine bessere Idee, auch wenn sie noch etwas unscharf war. Vielleicht könnte er ja einen Deal mit der Chefin machen. Er würde ihr sagen, wo er das goldene Röhrchen tatsächlich gefunden hatte, wenn sie dafür Zero nicht kratzte.

Er war sich nicht sicher, wie er so ein Abkommen mit ihr treffen könnte, ohne sich immer noch tiefer in Schwierigkeiten zu bringen. Sie konnte ja einfach sagen: Sag mir, wo du es gefunden hast, sonst kratz ich

179

dich auch. Außerdem würde es bedeuten, X-Ray mit hineinzureißen. Vermutlich würde sie dem auch das Gesicht zerkratzen.

Das würde aber bedeuten, dass X-Ray die nächsten sechzehn Monate hinter ihm her wäre.

Er hieb die Schaufel in die Erde.

Am nächsten Morgen war Zero immer noch nicht zurückgekommen. Stanley sah, dass einer der Betreuer hinter den Duschen neben dem Wasserhahn saß und ihn bewachte.

Mr. Pendanski hatte zwei blaue Augen und einen Verband über der Nase. »Ich wusste immer schon, dass er blöd ist«, hörte Stanley ihn sagen.

Am nächsten Tag musste Stanley nur ein Loch graben. Solange er grub, hielt er ständig Ausschau nach Zero. Sollte er ihn sehen, konnte er ihm ein bisschen Wasser bringen.

Aber er sah ihn nicht. Er wurde fertig mit seinem Loch, und wieder überlegte er, ob er auf den See hinausgehen sollte, um nach Zero zu suchen. Aber dann dämmerte es ihm, dass es bereits zu spät war.

Seine einzige Hoffnung war, dass Zero Gottes Daumen allein gefunden hatte.

Ganz ausgeschlossen war das nicht. Sein Urgroßvater hatte ihn schließlich auch gefunden. Aus irgendeinem Grunde hatte sein Urgroßvater das Bedürfnis gehabt, auf den Gipfel dieses Berges zu steigen. Vielleicht hatte Zero ja das gleiche Bedürfnis.

Falls es derselbe Berg war. Falls es dort noch Wasser gab. Er versuchte sich einzureden, dass es nicht ausgeschlossen war. Erst vor wenigen Tagen hatte es ein Gewitter gegeben. Vielleicht war der Große Daumen ja so etwas wie ein natürlicher Wasserturm, der den Regen aufnahm und speicherte.

Ausgeschlossen war das nicht.

Als er in sein Zelt zurückkehrte, warteten die Chefin, Mr. Sir und Mr. Pendanski schon auf ihn.

»Hast du Zero gesehen?«, fragte die Chefin.

»Nein.«

»Keine Spur von ihm?«

»Nein.«

»Hast du eine Ahnung, wohin er gegangen sein könnte?«

»Nein.«

»Du weißt, dass du ihm keinen Gefallen tust, wenn du jetzt lügst«, sagte Mr. Sir. »Länger als ein, zwei Tage kann er da draußen nicht überleben.«

»Ich weiß nicht, wo er ist.«

Alle drei starrten sie Stanley an, als ob sie herausfinden wollten, ob er die Wahrheit sagte. Mr. Pendanskis Gesicht war so geschwollen, dass er kaum die Augen aufmachen konnte. Sie waren nur Schlitze.

»Sind Sie sicher, dass er keine Familie hat?«, fragte die Chefin Mr. Pendanski.

»Er ist ein Staatsmündel«, erklärte Mr. Pendanski. »Er lebte auf der Straße, als er festgenommen wurde.«

»Irgendjemand, der Fragen stellen könnte? Irgendein Sozialarbeiter, der Interesse an ihm hat?«

»Er hat niemanden«, sagte Mr. Pendanski. »Er war niemand.«

Die Chefin dachte einen Moment nach. »Okay, ich möchte, dass sämtliche Unterlagen über ihn vernichtet werden.«

Mr. Pendanski nickte.

»Er ist nie hier gewesen«, sagte die Chefin.

Mr. Sir nickte.

»Kommen Sie über unseren Computer in die Staatsakten?«, fragte sie Mr. Pendanski. »Ich möchte nicht, dass irgendjemand im Büro des A.G. weiß, dass Zero hier war.«

»Ich glaube nicht, dass ich ihn komplett aus allen Staatsakten löschen kann«, sagte Mr. Pendanski. »Dafür gibt es zu viele Querverweise. Aber ich kann dafür sorgen, dass es sehr schwierig wäre, irgendeinen Hinweis auf ihn zu finden. Aber, wie ich schon gesagt habe, es wird auch nie jemand nach ihm suchen. Kein Mensch interessiert sich für Hector Zeroni.«

»Gut«, sagte die Chefin.

32

Zwei Tage später kam ein neuer Junge in die Gruppe D. Sein richtiger Name war Brian, aber X-Ray nannte ihn Zapp, weil er ständig herumzappelte. Zapp bekam Zeros Bett zugewiesen und Zeros Kasten.

Freie Plätze in Camp Green Lake waren immer schnell belegt.

Zapp war festgenommen worden, weil er ein Auto geklaut hatte. Er behauptete, um ein Auto aufzubrechen, den Alarm auszuschalten und die Zündung kurzzuschließen bräuchte er weniger als eine Minute.

»Es ist nicht so, als würde ich mir das vornehmen – ein Auto zu klauen, meine ich«, sagte er. »Aber manchmal, wenn ich so ein schickes Auto sehe, das irgendwo in einer stillen Gegend abgestellt ist, na ja, dann juckt es mich auf einmal ganz furchtbar in den Fingern. Wenn ihr mich jetzt zappelig findet, dann solltet ihr mich mal erleben, wenn so ein Superschlitten in meiner Nähe ist. Ehe ich mich versehe, sitze ich schon hinterm Steuer.«

Stanley lag auf seinem kratzigen Laken. Ihm fiel auf, dass sein Bett gar nicht mehr so stank. Er überlegte, ob der Gestank nicht mehr da war oder ob er sich einfach daran gewöhnt hatte.

»He, Höhlenmensch«, sagte Zapp, »müssen wir ehrlich um halb fünf aufstehen?«

»Daran gewöhnst du dich«, erklärte ihm Stanley. »Es ist die kühlste Zeit am Tag.«

Er versuchte, nicht an Zero zu denken. Es war sowieso zu spät. Entweder er hatte es geschafft auf den Großen Daumen oder …

Was ihm aber am meisten zu schaffen machte, war nicht die Vorstellung, dass es zu spät war. Was ihm am meisten zu schaffen machte, was ihn wirklich ganz verrückt machte, war die Angst, dass es vielleicht doch noch nicht zu spät war.

Was wäre, wenn Zero immer noch lebte und auf der Suche nach Wasser verzweifelt über die Erde kroch?

Er versuchte das Bild aus seinem Kopf auszusperren.

Am nächsten Morgen hörte Stanley Mr. Sir zu, der Zapp gerade erklärte, wie das Loch sein müsse: » … genauso breit und so tief wie deine Schaufel.«

Zapp zappelte herum. Seine Finger trommelten auf dem hölzernen Stiel der Schaufel und sein Hals drehte sich mal hierhin, mal dorthin.

»Wenn du den ganzen Tag gegraben hast, dann hört die Zappelei ganz von selber auf«, sagte Mr. Sir. »Danach hast du nicht mal mehr genug Kraft, um auch nur mit dem kleinen Finger zu wackeln.« Er warf sich ein paar Sonnenblumenkerne in den Mund, kaute kurz und gekonnt darauf herum und spuckte dann die Schalen aus. »Das hier ist kein Feriencamp für Pfadfinderinnen.«

Der Wasserwagen kam kurz nach Sonnenaufgang. Stanley stellte sich hinter Magnet in die Reihe, vor Zapp.

Und wenn es doch noch nicht zu spät war?

Er sah zu, wie Mr. Sir X-Rays Flasche füllte. Das Bild von Zero, der über die heiße, trockene Erde kroch, ging ihm nicht aus dem Kopf.

Aber was konnte er schon tun? Selbst wenn Zero nach über vier Tagen tatsächlich noch am Leben wäre – wie sollte Stanley ihn finden? Das würde Tage dauern. Er bräuchte ein Auto.

Oder einen Pick-up. Einen Pick-up mit einem Wassertank hintendrauf.

Stanley überlegte, ob Mr. Sir wohl den Schlüssel im Zündschloss gelassen hatte.

Langsam ging er rückwärts aus der Schlange und im Bogen seitlich auf das Auto zu. Er schaute durchs Fenster. Da waren die Schlüssel, sie baumelten am Schloss.

Stanley fühlte, wie es ihn plötzlich in den Fingern juckte. Er atmete tief durch, um sich zu beruhigen und einen klaren Gedanken fassen zu können. Er war noch nie zuvor gefahren.

Wie schwierig mochte das sein?

Es ist verrückt, sagte er sich. Aber egal was er jetzt machte, er musste es schnell machen, bevor Mr. Sir etwas merkte.

Es ist zu spät, sagte er sich. Zero konnte unmöglich überlebt haben.

Und wenn es doch noch nicht zu spät war?

Wieder atmete er tief durch. Überleg's dir gut, befahl er sich selbst, aber es war keine Zeit zum Überlegen. Er riss die Wagentür auf und kletterte schnell hinein.

»He!«, brüllte Mr. Sir.

Stanley drehte den Schlüssel herum und trat aufs Gaspedal. Der Motor sprang an.

Der Wagen rührte sich nicht von der Stelle.

Er trat das Pedal bis zum Anschlag durch. Der Motor heulte auf, doch der Wagen bewegte sich nicht.

Mr. Sir kam angerannt. Die Tür stand noch offen.

»Leg den Gang ein!«, brüllte Zapp.

Die Gangschaltung befand sich neben dem Sitz am Boden. Stanley zog den Hebel zurück, bis der Pfeil auf den Buchstaben D zeigte, D für Drive.

Der Wagen machte einen Satz vorwärts. Stanley wurde gegen die Rückenlehne gedrückt und hielt das Lenkrad fest umklammert, während der Wagen immer schneller wurde. Mit dem Fuß trat er noch immer das Pedal runter.

Immer schneller raste der Wagen über das Bett des

186

ausgetrockneten Sees. Holpernd fuhr er über einen Erdhaufen. Plötzlich flog Stanley erst nach vorn und dann zurück, als ein Airbag vor seinem Gesicht explodierte. Er fiel aus der offenen Tür und blieb am Boden liegen.

Er war voll in ein Loch gefahren.

Er lag am Boden und schaute auf den Wagen, der mit Schlagseite in der Erde steckte. Er seufzte. Dieses Mal konnte er seinen Ururgroßvater, diesen elenden, vermaledeiten Tunichtgut und Schweinedieb, nicht verantwortlich machen. Dieses Mal war es seine eigene Schuld, hundert Prozent. Was er jetzt gemacht hatte, das war vermutlich das Allerdümmste, was er in seinem kurzen, elenden Leben fertig gebracht hatte.

Er schaffte es aufzustehen. Alle Knochen taten ihm weh, aber es kam ihm nicht so vor, als ob irgendwas gebrochen wäre. Er drehte sich nach Mr. Sir um, der noch immer an derselben Stelle stand und zu Stanley herüberstarrte.

Stanley rannte. Seine Wasserflasche hing ihm um den Hals. Beim Laufen schlug sie immer gegen seine Brust, und jeder Schlag erinnerte ihn daran, dass sie leer war – leer, leer, leer.

33

Er wurde langsamer. Soweit er sagen konnte, war niemand hinter ihm her. Er hörte zwar Stimmen von hinten, wo der Pick-up stand, aber verstehen konnte er nichts. Ab und zu hörte er, wie der Motor aufheulte, aber so bald würde dieser Wagen nirgends hinfahren.

Er lief immer in die Richtung, in der er den Großen Daumen vermutete. Sehen konnte er ihn durch den Dunst nicht.

Beim Laufen wurde er langsam ruhiger und konnte auch wieder klar denken. Er glaubte nicht, dass er es bis zum Großen Daumen schaffen würde, und da er kein Wasser in seiner Flasche hatte, wollte er lieber nicht sein Leben riskieren in der vagen Hoffnung, dort Zuflucht zu finden. Er musste zum Camp zurückkehren. Das wusste er. Aber er hatte es nicht eilig. Es war besser, später zurückzugehen, wenn alle sich etwas beruhigt haben würden. Und nachdem er jetzt schon einmal so weit gekommen war, konnte er sich auch geradeso gut nach Zero umsehen. Er beschloss, so lange zu gehen, wie er konnte. Bis er zu schwach war, um weiterzugehen. Dann würde er umkehren.

Er musste selbst schmunzeln, als er begriff, dass es so nicht funktionieren würde. Er durfte ja nur die halbe Strecke gehen, die Hälfte von dem, was er vermutlich schaffen konnte, damit er noch Kraft genug hatte, um wieder zurückzugehen. Dann würde er mit der Chefin einen Deal machen müssen: ihr erzählen, wo er Kate Barlows Lippenstifthülse gefunden hatte, und um Gnade bitten.

Er war erstaunt, wie weit hinten auf dem See es noch Löcher gab. Er konnte das Camp schon nicht mehr sehen, aber immer noch kam er an Löchern vorbei. Gerade als er dachte, jetzt habe er das letzte passiert, stieß er ein Stück abseits noch einmal auf eine kleine Ansammlung.

Drüben beim Camp hatten sie immer ganz systematisch gegraben, eine Reihe nach der anderen, und immer so viel Platz dazwischen gelassen, dass der Wasserwagen noch durchkam. Aber hier draußen gab es kein System mehr. Es kam ihm so vor, als würde die Chefin von Zeit zu Zeit, in einem Anfall von Frustration, willkürlich irgendeine Stelle auswählen und sagen: »Grabt jetzt hier, verdammt noch mal!« Wie wenn einer versucht, die Gewinnzahlen im Lotto zu erraten.

Stanley merkte, dass er in jedes Loch hinuntersah, an dem er vorbeikam. Er wollte sich aber nicht eingestehen, wonach er schaute.

Als mehr als eine Stunde vergangen war, dachte er,

jetzt hätte er wirklich das allerletzte Loch hinter sich gelassen, aber dann sah er zu seiner Linken wieder eine Reihe. Das heißt, die Löcher selbst sah er eigentlich gar nicht. Er sah nur die Erdhaufen.

Er kletterte über den nächstbesten und schaute hinunter in das Loch. Sein Herz stockte.

Unten am Boden sah er eine Familie gelb gefleckter Eidechsen. Aus ihren großen, roten Augen starrten sie ihn an.

Mit einem Satz war er wieder auf der anderen Seite des Erdhaufens und rannte los.

Er wusste nicht, ob sie ihm nachjagen würden. Es kam ihm so vor, als hätte er noch gesehen, wie eine aus dem Loch gesprungen war.

Er rannte, bis er nicht mehr konnte, dann brach er zusammen. Sie waren ihm nicht gefolgt.

Eine Weile saß er da und schnappte nach Luft. Als er wieder auf den Füßen stand, glaubte er, etwas am Boden liegen zu sehen, vielleicht fünfzig Yards entfernt. Es sah nicht aus, als ob es irgendetwas Besonderes wäre, vielleicht nur ein größerer Stein, aber in einer Gegend, in der es absolut nichts gab, schien noch der allerkleinste Gegenstand ungewöhnlich.

Er ging langsam darauf zu. Die Begegnung mit den Eidechsen hatte ihn sehr vorsichtig gemacht.

Es war ein leerer Sack mit der Aufschrift SONNEN-BLUMENKERNE. Stanley fragte sich, ob es wohl derselbe war, den Magnet damals Mr. Sir geklaut hatte, aber das war eher unwahrscheinlich.

Er krempelte den Sack um und fand einen Kern, der in dem Leinengewebe feststeckte.

Mittagessen.

34

Die Sonne stand fast senkrecht über ihm. Er schätzte, dass er nicht mehr als eine Stunde, höchstens zwei gehen konnte, bevor er zurückmusste.

Es schien ein hoffnungsloses Unterfangen. Er sah, dass vor ihm weit und breit nichts war. Nichts als Leere. Er war erhitzt, müde, hungrig und, vor allem, durstig. Vielleicht sollte er jetzt einfach umkehren. Vielleicht hatte er ja die halbe Strecke bereits hinter sich gebracht, ohne es zu wissen.

Dann, als er sich umsah, erblickte er einen Wassertümpel, weniger als hundert Yards entfernt von dort, wo er stand. Er schloss die Augen und öffnete sie wieder, um sicher zu sein, dass er sich nicht nur etwas eingebildet hatte. Der Tümpel war immer noch da.

Schnell ging er darauf zu. Der Tümpel zog sich ebenso schnell zurück. Wenn Stanley sich bewegte, bewegte er sich auch, wenn Stanley stehen blieb, stand er auch still. Das war gar kein Wasser. Es handelte sich um eine Fata Morgana, eine Luftspiegelung, hervorgerufen von den schimmernden Hitzewellen, die vom trockenen Erdboden aufstiegen.

Er ging weiter. Den leeren Sack mit der Aufschrift SONNENBLUMENKERNE trug er noch immer in der Hand. Ob er allerdings noch irgendetwas finden würde, was er hineintun könnte, wusste er nicht.

Nach einer Weile kam es ihm so vor, als zeigten sich hinter dem Dunst die Umrisse der Berge. Zunächst war er sich nicht sicher, ob das nicht auch nur eine Art Fata Morgana war, aber je weiter er ging, desto deutlicher kamen sie hervor. Fast in gerader Linie vor ihm konnte er etwas erkennen, was aussah wie eine Faust mit hochgerecktem Daumen.

Er wusste nicht, wie weit entfernt das war. Fünf Meilen? Fünfzig Meilen? Eines war sicher: Es war mehr als die halbe Strecke.

Er ging immer weiter darauf zu, ohne zu wissen, wieso. Er wusste, dass er umkehren musste, bevor er da sein würde.

Aber jedes Mal, wenn er hinüberschaute, schien der Berg ihm ein Zeichen zu geben, ihm Mut zu machen mit dem hochgereckten Daumen.

Als er weiterging, fiel ihm ein großer Gegenstand auf dem See auf. Er konnte nicht sagen, was es war, nicht einmal, ob es etwas Natürliches oder etwas von Menschen Gemachtes war. Es erinnerte ein bisschen an einen umgestürzten Baum, obwohl es wenig wahrscheinlich war, dass hier ein Baum wachsen sollte.

Wahrscheinlicher war, dass es eine Sanddüne war oder ein Steinhaufen.

Dieser Gegenstand, was immer es nun war, befand sich nicht auf dem Weg zum Großen Daumen, sondern ein Stück rechts davon. Stanley versuchte zu einer Entscheidung zu gelangen, ob er hingehen oder weiter in Richtung Großer Daumen gehen sollte. Oder einfach kehrtmachen.

Es war sinnlos, immer weiter auf den Großen Daumen zuzulaufen, beschloss er. Er würde es ohnehin nie schaffen. Ebenso gut könnte er versuchen, den Mond zu fangen. Aber bis zu dem geheimnisvollen Gegenstand könnte er noch kommen.

Er änderte seine Richtung. Er bezweifelte, dass es irgendwie interessant sein könnte, doch allein die Tatsache, dass es hier mitten in all dem Nichts überhaupt etwas gab, machte es ihm schwer, daran vorbeizugehen. Er beschloss, dass dieses Ding die Hälfte seiner Wegstrecke markieren sollte. Er hoffte nur, dass er nicht schon zu weit gegangen war.

Als er erkannte, was es war, lachte er vor sich hin. Es war ein Boot – oder zumindest ein Teil von einem Boot. Es kam ihm komisch vor, mitten in diesem trockenen, kargen Ödland ein Boot zu sehen. Aber schließlich war das hier ja mal ein See gewesen.

Das Boot lag kopfüber im Sand und war halb eingegraben. Vielleicht war hier mal jemand ertrunken, dachte er bitter – an derselben Stelle, an der er durchaus verdursten könnte.

Der Name des Bootes war am Heck aufgemalt. Die roten Buchstaben waren verblasst und teilweise abgeblättert, doch Stanley konnte den Namen trotzdem entziffern: *Mary Lou.*

Auf der einen Seite des Bootes war ein Sandhaufen, an dessen Fuß ein Tunnel begann, der unter das Boot führte. Der Tunnel sah groß genug aus, dass ein größeres Tier hindurchkriechen konnte.

Er hörte ein Geräusch. Etwas bewegte sich unter dem Boot.

Jetzt kam es heraus.

»He!«, rief Stanley und hoffte, ihm damit einen Schrecken einzujagen, damit es sich wieder zurückzog. Sein Mund war so trocken, dass es ihm schwer fiel, so laut zu rufen.

»He!«, antwortete, was immer es war, matt.

Dann erschienen eine dunkle Hand und ein orangeroter Ärmel in der Tunnelöffnung.

35

Zeros Gesicht erinnerte an einen ausgehöhlten Kürbis, den man nach Halloween zu lange draußen stehen gelassen hatte – halb verschrumpelt, mit eingesunkenen Augen und einem verrutschten Grinsen. »Ist das Wasser?«, fragte er. Seine Stimme war matt und krächzig. Seine Lippen waren so blass, dass sie beinahe weiß waren, und während er sprach, schien seine Zunge nutzlos im Mund hin und her zu taumeln, so als ob sie dauernd im Weg wäre.

»Die Flasche ist leer«, sagte Stanley und starrte Zero an. So richtig konnte er es noch nicht glauben, dass das wirklich Zero war. »Ich wollte dir den ganzen Wasserwagen herbringen«, sagte er mit einem dümmlichen Grinsen, »aber ich hab das Ding in ein Loch gesteuert. Ich kann es gar nicht glauben, dass du –«

»Ich auch nicht«, sagte Zero.

»Komm, wir müssen zurück zum Camp!«

Zero schüttelte den Kopf. »Ich geh nicht zurück.«

»Du musst. Wir beide müssen.«

»Willst du ein bisschen von meinem Ssplisch?«, fragte Zero.

»Wovon?«

Zero legte den Unterarm über seine Augen. »Unter dem Boot ist es kühler!«, sagte er.

Stanley sah zu, wie Zero in den Tunnel zurückkroch. Es war ein Wunder, dass er noch lebte, aber Stanley wusste, dass er ihn schnellstens zum Camp zurückbringen musste, auch wenn das bedeutete, dass er ihn würde tragen müssen.

Er kroch ihm hinterher. Er konnte sich so gerade eben durchquetschen. Damals, als er nach Camp Green Lake kam, hätte er nie hineingepasst. Er hatte viel Gewicht verloren seitdem.

Als er es durch den Tunnel hindurch geschafft hatte, stieß er mit dem Bein gegen etwas Scharfes, Hartes. Es war eine Schaufel. Eine Sekunde lang überlegte er, wie sie hierher gekommen sein mochte, aber dann fiel ihm ein, dass Zero seine Schaufel mitgenommen hatte, nachdem er Mr. Pendanski damit geschlagen hatte.

Unter dem Boot, das zur Hälfte in der Erde steckte, war es kühler. Im Boden des Bootes – der jetzt das Dach bildete – gab es genug Risse und Löcher, so dass sie Licht und Luft hatten. Stanley sah, dass lauter leere Einmachgläser herumlagen.

Zero hielt ein Glas in der Hand und versuchte ächzend den Deckel aufzudrehen.

»Was ist denn das?«

»Ssplisch!«, antwortete Zero mit matter Stimme und

fingerte weiter an dem Deckel. »So hab ich das Zeug genannt. Es lag unterm Boot.«

Immer noch bekam er den Deckel nicht ab. »Sechzehn Gläser hab ich davon gefunden. Gib mir mal die Schaufel.«

Stanley konnte sich kaum bewegen. Er griff hinter sich, packte den Holzstiel und hielt Zero das Schaufelblatt hin.

»Manchmal muss man einfach –«, sagte Zero, bevor er das Glas gegen das Schaufelblatt knallte, sodass der obere Teil des Glases sauber abbrach. Dann hielt er das zerbrochene Glas an seinen Mund, um von den Rändern noch schnell den Saft abzulecken, bevor er hinunterrann.

»Vorsicht!«, warnte ihn Stanley.

Zero hob den abgeschlagenen Deckel ab und leckte auch davon sorgfältig den Saft. Dann reichte er Stanley das kaputte Glas. »Trink was!«

Stanley hielt das Glas in der Hand und starrte einen Moment lang darauf. Er hatte Angst vor dem kaputten Glas. Er hatte auch Angst vor diesem Ssplisch. Es sah aus wie Schlamm. Was immer es war, es musste im Boot gewesen sein, als das Boot unterging. Und das bedeutete, dass es vermutlich über hundert Jahre alt war. Was für Bakterien mochten wohl darin leben?

»Es schmeckt gut«, ermunterte ihn Zero.

Stanley fragte sich, ob Zero wohl schon mal etwas

von Bakterien gehört hatte. Er hielt sich das Glas an den Mund und nahm vorsichtig einen Schluck.

Es war ein warmer, prickelnder, etwas zäher Saft, herb und süßlich zugleich. Es war ein himmlisches Gefühl, als das Zeug durch seinen trockenen Mund und in seinen wunden Hals lief. Möglicherweise war es mal irgendeine Frucht gewesen, Pfirsich vielleicht.

Zero lächelte ihn an. »Siehst du, das Zeug ist gut.«

Stanley wollte nicht zu viel trinken, aber der Saft schmeckte zu gut, als dass er ihm hätte widerstehen können. Sie reichten das Glas so lange hin und her, bis es leer war. »Wie viele gibt es noch?«, fragte Stanley.

»Das war das letzte«, sagte Zero.

Stanley blieb vor Schreck der Mund offen stehen. »Dann muss ich dich zurückbringen«, sagte er.

»Ich grabe keine Löcher mehr«, sagte Zero.

»Die lassen dich auch nicht mehr graben«, versprach Stanley. »Vermutlich schicken sie dich in ein Krankenhaus, so wie Kotztüte.«

»Kotztüte ist auf eine Klapperschlange getreten«, sagte Zero.

Stanley erinnerte sich, dass ihm beinahe dasselbe passiert war. »Vermutlich hat er das Klappern nicht gehört.«

»Er hat es mit Absicht getan«, sagte Zero.

»Glaubst du wirklich?«

»Er hat vorher Schuhe und Socken ausgezogen.«

Stanley schauderte es, als er sich vorzustellen versuchte, wie das gewesen sein mochte.

»Was ist Mar – yuh Luh – oh – oo?«, fragte Zero.

»Was?«

Zero konzentrierte sich heftig. »Mar yuh, Luh oh oo.«

»Keine Ahnung.«

»Ich zeig's dir«, sagte Zero. Er kroch wieder unter dem Boot heraus.

Stanley folgte ihm. Als sie wieder draußen waren, musste er seine Augen vor dem grellen Licht schützen.

Zero ging um das Bootsheck herum und wies auf die Buchstaben, die auf dem Kopf standen.

Stanley lächelte. »Mary Lou. So heißt das Boot.«

»Mary Lou«, wiederholte Zero, während er die Buchstaben studierte. »Ich dachte immer, das Y wird wie ›yuh‹ gesprochen.«

»Das stimmt schon«, sagte Stanley. »Aber nicht am Ende von einem Wort. Das Y ist manchmal ein Vokal und manchmal ein Konsonant.«

Zero stöhnte plötzlich auf. Er griff sich an den Magen und beugte sich vor.

»Alles in Ordnung mit dir?«

Zero fiel vornüber. Er lag auf der Seite, die Knie hochgezogen. Er stöhnte immer noch.

Stanley sah hilflos zu. Er überlegte, ob das Ssplisch wohl daran schuld war. Er sah zurück nach Camp Green Lake.

Zumindest glaubte er, dass die Richtung stimmte. Absolut sicher war er sich allerdings nicht.

Zero hörte auf zu stöhnen und richtete sich langsam wieder auf.

»Ich bring dich zurück«, sagte Stanley.

Zero schaffte es, sich aufzurichten. Er atmete ein paar Mal tief durch.

»Pass auf, ich hab mir was ausgedacht, wie du keinen Ärger kriegst«, versuchte Stanley ihn zu beruhigen. »Du erinnerst dich doch, wie ich damals das Goldröhrchen gefunden habe. Ich hab's X-Ray gegeben, weißt du noch, und die Chefin schnappte total über und ließ uns an der Stelle graben, wo sie dachte, dass X-Ray das Ding gefunden hatte. Ich glaube, wenn ich der Chefin sage, wo ich es in Wirklichkeit gefunden habe, dann kommen wir bestimmt ungeschoren davon.«

»Ich geh nicht zurück«, sagte Zero.

»Wo willst du denn sonst hin? Hier gibt es doch nichts!«

Zero schwieg.

»Du wirst hier draußen sterben.«

»Dann sterbe ich eben hier draußen.«

Stanley wusste nicht, was er machen sollte. Er war gekommen, um Zero zu retten, und stattdessen hatte er ihm seinen letzten Ssplisch weggetrunken. Er ließ seinen Blick in die Ferne schweifen. »Ich möchte dir gern was zeigen.«

»Ich geh nicht –«

»Da drüben auf dem Berg möchte ich dir was zeigen. Siehst du den, von dem was hochragt?«

»Ja, ich glaub schon.«

»Was würdest du sagen, wie das aussieht? Erinnert dich das an irgendwas?«

Zero schwieg.

Doch während er den Berg betrachtete, schloss sich seine rechte Hand langsam zur Faust. Er reckte den Daumen hoch. Seine Augen wanderten vom Berg zu seiner Faust und dann wieder zurück zum Berg.

36

Sie steckten vier der nicht zerbrochenen Gläser in den Sack. Vielleicht konnten sie sie ja noch für irgendwas brauchen. Stanley trug den Sack. Zero hielt die Schaufel in der Hand.

»Ich sollte dich besser warnen«, sagte Stanley. »Ich bin nicht gerade das, was man einen Glückspilz nennt.«

Zero schreckte das nicht. »Wenn du dein ganzes Leben in einem Loch verbracht hast«, sagte er, »dann kann es nur noch aufwärts gehen.«

Sie reckten beide die Daumen hoch, dann zogen sie los.

Es war die heißeste Zeit des Tages. Stanley hatte noch immer die Wasserflasche um den Hals hängen, die ihn bei jedem Schritt daran erinnerte, dass sie leer-leer-leer war. Er dachte an den Wasserwagen und wünschte, er hätte wenigstens noch seine Flasche gefüllt, bevor er losrannte.

Sie waren noch nicht weit gegangen, als Zero wieder einen Anfall bekam. Er griff sich an den Bauch und ließ sich zu Boden fallen.

Stanley konnte nur warten, bis es vorüber war. Dieser Ssplisch hatte Zero das Leben gerettet, aber jetzt fraß er ihn von innen her auf. Er fragte sich, wie lange es dauern würde, bis er selbst die Wirkung ebenfalls zu spüren bekam.

Er sah zum Großen Daumen hinüber. Er schien kein bisschen näher als bei ihrem Aufbruch.

Zero atmete tief und schaffte es, sich aufzusetzen.

»Kannst du gehen?«, fragte ihn Stanley.

»Moment noch«, sagte Zero. Er atmete wieder tief durch und stemmte sich dann mit Hilfe der Schaufel auf die Füße. Er sah Stanley an und reckte den Daumen hoch. Dann gingen sie weiter.

Manchmal versuchte Stanley eine ganze Weile zu laufen, ohne nach dem Großen Daumen zu sehen. Er machte einen geistigen Schnappschuss von ihm und wartete vielleicht zehn Minuten, bevor er wieder nachsah, ob sie inzwischen vielleicht etwas näher gekommen waren.

Aber das passierte nie. Es war wie die Jagd nach dem Mond.

Und falls sie ihn wirklich je erreichten – das wurde ihm auf einmal bewusst –, dann mussten sie ja auch noch hinaufsteigen.

»Wer sie wohl war?«, sagte Zero.

»Wer?«

»Mary Lou«, sagte Zero.

Stanley lächelte. »Ich glaube, das war eine echte Frau, die an einem echten See wohnte. Schwer vorzustellen.«

»Bestimmt war sie hübsch«, meinte Zero. »Jemand muss sie sehr geliebt haben, wenn er sein Boot nach ihr benannt hat.«

»Bestimmt«, sagte Stanley. »Ich wette, sie sah toll aus, wenn sie im Badeanzug im Boot saß, während ihr Freund ruderte.«

Zero benutzte die Schaufel als drittes Bein. Zwei Beine reichten nicht mehr aus, um ihn aufrecht zu halten. »Ich muss mich mal ein bisschen ausruhen«, sagte er nach einer Weile.

Stanley schaute zum Großen Daumen hinüber. Er kam ihm immer noch nicht näher vor. Er fürchtete, dass Zero, wenn er erst einmal anhielt, nicht wieder auf die Beine käme. »Wir sind fast da«, sagte er.

Er überlegte, bis wohin es wohl kürzer wäre: nach Camp Green Lake oder zum Großen Daumen?

»Ich muss mich wirklich hinsetzen.«

»Versuch mal, noch ein kleines Stück zu –«

Zero brach zusammen. Die Schaufel hielt sich noch einen kurzen Augenblick länger aufrecht und stand ohne zu schwanken auf der Kante des Schaufelblatts, bevor sie neben ihm auf den Boden fiel.

Zero kniete vornübergebeugt, den Kopf am Boden. Stanley hörte ein ganz leises Wimmern. Sein Blick fiel auf die Schaufel, und der Gedanke schoss ihm durch den Kopf, dass er sie vielleicht brauchen würde, um ein Grab zu graben. Zeros letztes Loch.

Und wer gräbt mir ein Grab?, dachte er.

Aber Zero stand tatsächlich wieder auf und reckte einen Daumen hoch.

»Sag mir mal ein paar Wörter«, bat er matt.

Stanley brauchte ein paar Sekunden, bis er begriff, was Zero meinte. Dann sagte er lächelnd: »R – u – n.«

Zero ahmte den Klang nach: »Rr – un, run. Run.«

»Gut. F – u – n.«

»Fffun.«

Das Buchstabieren half Zero. So hatte er etwas anderes, woran er denken konnte, als seine Schmerzen und seine Schwäche.

Auch Stanley lenkte es ab. Als er das nächste Mal zum Großen Daumen hinübersah, schien er ihm tatsächlich näher.

Als das Sprechen zu schmerzhaft wurde, hörten sie auf mit dem Buchstabieren. Stanleys Hals war trocken. Er fühlte sich schwach und erschöpft, aber so schlecht er sich auch fühlte, wusste er doch, dass es ihm zehnmal besser ging als Zero. Und solange Zero noch laufen konnte, konnte er es auch.

Es war ja möglich, dachte er, hoffte er, dass er selbst keine von den bösartigen Bakterien abbekommen hatte. Zero hatte den Deckel nicht aufschrauben können. Vielleicht hieß das, dass die Bakterien auch nicht hineinkommen konnten. Vielleicht waren sie nur in den Gläsern gewesen, die leicht aufgingen, in denen, die er jetzt in seinem Sack trug.

Was Stanley beim Gedanken an den Tod am meisten Angst machte, war nicht das Sterben als solches. Den Schmerz würde er sicher ertragen können. Viel schlimmer als das, was er jetzt fühlte, konnte es auch nicht sein. Vielleicht würde er ja im Augenblick des Todes schon viel zu schwach sein, um den Schmerz überhaupt noch zu spüren. Der Tod würde direkt eine Erleichterung sein. – Was ihn am meisten beunruhigte, war der Gedanke, dass seine Eltern nie erfahren würden, was mit ihm geschehen war, ob er am Leben war oder tot. Er fand es furchtbar sich vorzustellen, wie es für seine Mutter und seinen Vater sein würde, Tag um Tag, Monat um Monat nie etwas zu wissen, immer mit der falschen Hoffnung zu leben. Für ihn selbst wäre ja alles vorbei, für seine Eltern aber würde der Schmerz nie aufhören.

Er fragte sich, ob die Chefin wohl seinetwegen eine Suchmannschaft ausschicken würde. Sehr wahrscheinlich schien es ihm nicht. Sie hatte ja auch niemanden losgeschickt, um nach Zero zu suchen. Andererseits würde sich auch niemand Gedanken machen um Zero. Seine Unterlagen konnten sie einfach vernichten.

Doch Stanley hatte eine Familie. Die Chefin wusste das und konnte nicht so tun, als wäre er nie im Camp gewesen. Was würde sie seinen Eltern wohl erzählen? Und wann?

»Was glaubst du, was da oben ist?«, fragte Zero.

Stanley sah zum Gipfel des Großen Daumens empor. »Ach, vermutlich ein italienisches Restaurant«, sagte er.

Zero schaffte es zu lachen.

»Also, ich denke, ich bestelle mir eine Pepperoni-Pizza und ein großes Bier«, sagte Stanley.

»Und ich will einen Eisbecher«, sagte Zero. »Mit Nüssen, Bananen, heißer Karamellsauce und Schlagsahne.«

Die Sonne stand fast direkt vor ihnen. Der Daumen zeigte zu ihr hinauf.

Sie kamen ans Ende des Sees. Gewaltige weiße Klippen erhoben sich vor ihnen.

Anders als das Ostufer, an dem Camp Green Lake lag, fiel das westliche Ufer nicht sanft ab. Es war, als wären sie die ganze Zeit auf dem flachen Boden einer riesigen Bratpfanne gelaufen und müssten jetzt irgendwie herausklettern.

Den Großen Daumen konnten sie nicht mehr sehen. Die Klippen versperrten ihnen die Sicht. Sie verdeckten auch die Sonne.

Zero stöhnte und griff sich an den Bauch, blieb aber stehen. »Es geht schon«, flüsterte er.

Stanley sah einen Einschnitt in einer der Klippen, vielleicht einen Fuß breit und sechs Zoll tief. Auf beiden Seiten des Einschnitts gab es mehrere Vorsprünge. »Komm, wir probieren es da vorn«, sagte er.

Es sah so aus, als würden sie fünfzig Fuß senkrecht hochklettern müssen.

Stanley schaffte es, den Sack mit den Gläsern in der linken Hand zu halten, während er in Zickzacklinien langsam von einem Felsvorsprung zum nächsten stieg. Manchmal musste er sich am Fels festklammern, um es bis zum nächsten Vorsprung zu schaffen.

Irgendwie schaffte es Zero aber immer, ihm zu folgen. Sein geschwächter Körper zitterte furchtbar, während er sich an der Felswand hochmühte.

Einige der Vorsprünge waren breit genug, um darauf zu sitzen. Andere ragten nur wenige Zoll aus der Wand, gerade ausreichend, um kurz darauf zu treten. Als sie etwa zwei Drittel des Anstiegs hinter sich gebracht hatten, blieb Stanley auf einem breiteren Vorsprung stehen. Gleich darauf stand Zero neben ihm.

»Alles okay?«, fragte Stanley.

Zero reckte den Daumen hoch. Stanley tat es ihm nach.

Er schaute nach oben. Er war sich nicht sicher, wie er auf den nächsten Vorsprung kommen sollte. Er befand sich drei oder vier Fuß über Stanleys Kopf, und es war nichts zu sehen, wo sie einen festen Stand finden könnten. Stanley fürchtete sich davor, nach unten zu schauen.

»Hilf mir hoch«, sagte Zero, »dann hol ich dich mit der Schaufel nach.«

»Das schaffst du nie, mich da hochzuziehen«, sagte Stanley.

»Doch, das schaffe ich«, sagte Zero.

Stanley legte beide Hände ineinander und Zero trat auf die ineinander verschränkten Finger. Stanley schaffte es, Zero so hoch zu heben, dass er die vorstehende Felskante packen konnte. Er half weiter von unten nach und Zero zog sich hoch auf den Vorsprung.

Während Zero sich oben eine sichere Stelle suchte, befestigte Stanley den Sack an der Schaufel, indem er ein Loch in das Gewebe bohrte. Dann hielt er ihn Zero hin.

Zero griff erst nach dem Sack, dann nach der Schaufel. Er klemmte die Schaufel so ein, dass das halbe Blatt gegen den Felsen drückte. Der hölzerne Stiel hing nach unten. »Okay«, sagte er.

Stanley bezweifelte, dass es funktionieren würde. Wenn er Zero hochzog, der nur halb so viel wog wie er selbst, war das eine Sache. Aber wenn Zero versuchen wollte, ihn hochzuziehen, war das etwas ganz anderes. Stanley griff nach dem Schaufelstiel und zog sich langsam, Handbreit um Handbreit, daran hoch. Mit den Füßen versuchte er dabei am Fels Halt zu finden.

Er spürte, wie Zeros Hand sein Handgelenk umklammerte.

Er ließ mit der anderen den Schaufelstiel los und griff nach dem Felsvorsprung.

Er nahm alle Kraft zusammen, und einen kurzen Moment lang schien er das Gesetz der Schwerkraft in Frage zu stellen, als er sich ganz kurz mit dem Fuß an der Wand abstützte und sich dann mit Zeros Hilfe das restliche Stück hochzog, bis er auf dem Vorsprung landete.

Stanley schnappte nach Luft. Noch vor ein paar Monaten hätte er diese Klettertour unmöglich machen können.

Sein Blick fiel auf einen großen Blutfleck an seinem Handgelenk. Es dauerte etwas, bis er begriff, dass es Zeros Blut war.

Zero hatte tiefe Schnitte in beiden Händen. Er hatte das Metallblatt der Schaufel festgehalten, damit es liegen blieb, solange Stanley kletterte.

Zero führte die Hände zum Mund und saugte das Blut ab.

Eines der Gläser war im Sack zerbrochen. Sie beschlossen die Scherben aufzubewahren. Vielleicht brauchten sie ja mal ein Messer oder so etwas.

Sie legten eine kurze Rast ein, bevor sie weiter aufstiegen. Der Rest des Anstiegs war nicht mehr sehr schwierig.

Als sie auf ebener Erde standen, sah Stanley zur Sonne hinauf. Sie war ein glühender Feuerball auf der

Spitze des Großen Daumens. Gott spielte anscheinend Basketball.

Kurze Zeit später liefen sie im langen, schmalen Schatten des Daumens.

37

»Wir sind fast da«, sagte Stanley. Er konnte den Fuß des Berges sehen.

Jetzt, wo sie tatsächlich fast da waren, machte ihm der Gedanke Angst. Der große Daumen war seine einzige Hoffnung. Wenn es dort kein Wasser gab, keine Zuflucht, dann hätten sie gar nichts, nicht einmal mehr Hoffnung.

Man konnte nicht genau sagen, wo das Flachland endete und der Berg begann. Das Gelände wurde einfach immer steiler, und irgendwann gab es keinen Zweifel mehr, dass sie dabei waren, den Berg zu besteigen.

Stanley konnte den Großen Daumen nicht mehr sehen. Der Berg stand ihm im Weg.

Bald wurde es zu steil, um in direkter Linie aufzusteigen. Stattdessen gingen sie immer in Zickzacklinien und mit jeder Kehre gelangten sie ein kleines Stück höher.

An vielen Stellen am Hang wuchs dichtes Gestrüpp. Die Jungen liefen von einem Büschel zum anderen und benutzten sie als festen Halt für ihre Füße. Je höher sie anstiegen, desto kräftiger wurde das Gestrüpp. Oft waren Dornen daran, so dass sie gut aufpassen mussten, wenn sie hindurchgingen.

Stanley hätte gern angehalten und eine Rast gemacht, aber er hatte Angst, dass sie sich danach nicht noch einmal würden aufraffen können. Solange Zero weitergehen konnte, konnte er es auch. Außerdem wusste er, dass es nicht mehr lange hell bleiben würde.

Als es zu dämmern begann, tauchten Insekten über dem Gestrüpp auf. Ein ganzer Schwarm von Mücken tanzte um sie herum, angezogen von ihrem Schweiß. Weder Stanley noch Zero hatten genug Energie, um nach ihnen zu schlagen.

»Wie geht's dir?«, fragte Stanley.

Zero reckte den Daumen hoch. Dann sagte er: »Wenn auch nur eine Mücke auf mir landet, kipp ich um.«

Stanley ließ ihn noch ein paar Wörter zusammensetzen. »B – u – g – s«, buchstabierte er.

Zero überlegte angestrengt, dann sagte er: »Boogs«.
Stanley lachte.

Auch über Zeros müdes, eingefallenes Gesicht ging ein breites Lächeln. »Bugs«, sagte er.

»Gut«, sagte Stanley. »Denk dran, wenn am Ende kein E steht, dann ist das U kurz. Pass auf, jetzt kommt ein schweres: Was machst du aus l – u – n – c – h?«

»Luh– Luh – un–« Plötzlich stieß Zero einen schrecklichen, verzerrten Laut aus, krümmte sich und griff sich an den Magen. Sein magerer Körper zitterte heftig, als er sich übergab und den ganzen Ssplisch von sich gab.

Er stützte sich auf die Knie und atmete ein paar Mal schwer. Dann richtete er sich auf und ging weiter.

Die Mücken blieben zurück. Sie zogen den Inhalt von Zeros Magen dem Schweiß auf den Gesichtern der Jungen vor.

Stanley ließ Zero keine Wörter mehr buchstabieren, weil er glaubte, dass er seine Kräfte sparen müsse. Doch nach zehn oder fünfzehn Minuten sagte Zero auf einmal: »Lunch.«

Je höher sie stiegen, desto dichter wurde das Gestrüpp und sie mussten Acht geben, dass sie sich nicht in den dornigen Ranken verfingen. Plötzlich wurde Stanley etwas klar: Auf dem See hatte es keine Pflanzen gegeben.

»Pflanzen und Mücken«, sagte er. »Hier muss irgendwo Wasser sein. Wir müssen ganz nah dran sein.«

Ein breites Clownslächeln ging über Zeros Gesicht. Er reckte den Daumen hoch. Dann fiel er um.

Dieses Mal stand er nicht wieder auf. Stanley beugte sich über ihn. »Komm schon, Zero«, drängte er. »Wir sind ganz nah dran. Komm schon, Hector. Pflanzen und Mücken! Pflanzen und Mücken!«

Er schüttelte Zero. »Ich hab deinen Eisbecher schon bestellt«, sagte er. »Sie machen ihn gerade.«

Zero schwieg.

38

Stanley packte Zeros Unterarme und zog ihn hoch. Dann bückte er sich tief und ließ Zero über seine rechte Schulter fallen. Er richtete sich wieder auf und hob Zeros ausgemergelten Körper hoch.

Die Schaufel und den Sack mit den Gläsern ließ er zurück, als er sich daranmachte, weiter den Berg hinaufzusteigen.

Zeros Beine baumelten vor Stanleys Körper, so dass er seine Füße nicht sehen konnte. Das machte es schwierig, durch das wirre Gestrüpp aus Büschen und Ranken zu gehen. Er konzentrierte sich auf jeden Schritt, den er tat, hob und senkte seine Füße mit Bedacht. Er dachte immer nur an den Schritt, den er gerade machte, und nicht an die unmögliche Aufgabe, die vor ihm lag.

Immer höher stieg er. Die Kraft dazu kam von irgendwo tief innen, doch gleichzeitig schien sie auch von außen zu kommen. Nachdem er so lange den Großen Daumen fixiert hatte, war es, als hätte der Fels all seine Energie aufgesaugt und wirkte jetzt wie ein riesiger Magnet, der ihn zu sich hinzog.

Nach einer Weile bemerkte er einen üblen Geruch.

Im ersten Moment glaubte er, dass er von Zero ausgehe, aber dann wurde ihm klar, dass der Gestank in der Luft lag und schwer um ihn herum hing.

Außerdem fiel ihm auf, dass das Gelände nicht mehr so steil anstieg. Es wurde flacher, und vor ihm erhob sich, schwach sichtbar im Mondlicht, ein gewaltiger Felsblock. Mit jedem Schritt, den Stanley tat, schien der Fels größer zu werden.

Er sah jetzt nicht mehr wie ein Daumen aus.

Stanley war klar, dass er es nie schaffen würde, ihn zu erklimmen.

Um ihn herum wurde der Geruch immer stärker. Es war der bittere Geruch der Verzweiflung.

Selbst wenn er es irgendwie fertig bringen würde, den Großen Daumen zu besteigen, so würde er dort oben doch kein Wasser finden, so viel wusste er. Wie sollte es auf dem Gipfel eines so gewaltigen Felsens Wasser geben? Die Pflanzen und Insekten überlebten nur deswegen, weil es hier gelegentlich regnete, so wie sie es kürzlich vom Camp aus beobachtet hatten.

Trotzdem ging er immer weiter auf den Felsen zu. Wenn er auch sonst nichts schaffte, so wollte er es doch wenigstens bis zum Daumen schaffen.

Er schaffte es nicht.

Die Füße rutschten ihm weg. Während er in eine kleine Lehmrinne fiel, spürte er, wie Zeros Kopf gegen eines seiner Schulterblätter schlug.

Er lag mit dem Gesicht nach unten in der schlammigen Rinne und wusste nicht, ob er je wieder hochkommen würde. Er wusste nicht einmal, ob er es überhaupt versuchen würde. War er den ganzen weiten Weg gekommen, nur um jetzt …

Für Lehm braucht man Wasser!

Er kroch durch die Rinne, immer da entlang, wo es ihm am feuchtesten schien. Der Boden wurde immer rutschiger. Jedes Mal, wenn er eine Hand aufsetzte, spritzte Lehm auf.

Mit beiden Händen grub er ein Loch in den sumpfigen Boden. Es war zu dunkel, um irgendetwas zu sehen, doch es kam ihm so vor, als fühlte er am Grunde seines Lochs so etwas wie einen winzigen Tümpel. Er steckte den Kopf hinein und leckte die Erde ab.

Er grub tiefer, und während er grub, schien mehr Wasser in das Loch zu strömen. Er konnte es nicht sehen, aber er konnte es fühlen – zuerst mit seinen Fingern, dann mit seiner Zunge.

Er grub so lange, bis sein Loch etwa armtief war. Es gab genug Wasser, um es mit den Händen herauszuschöpfen und Zero übers Gesicht laufen zu lassen.

Zero hielt die Augen geschlossen. Aber seine Zunge kam zwischen den Lippen heraus und suchte nach den Wassertröpfchen.

Stanley zerrte Zero näher ans Loch heran. Er grub, schöpfte mehr Wasser mit den Händen und ließ es zwischen seinen Händen hindurch in Zeros Mund laufen.

Als er dabei war, sein Loch zu erweitern, fühlte er mit der Hand einen glatten, runden Gegenstand. Für einen Stein war er *zu* glatt und *zu* rund.

Er wischte den Dreck ab und merkte, dass es eine Zwiebel war.

Er biss hinein, ohne sie erst zu schälen. Der scharfe, bittere Saft spritzte ihm in den Mund. Die Augen tränten ihm. Und beim Schlucken fühlte er, wie die Wärme durch seinen Hals bis in seinen Magen wanderte.

Er aß nur die Hälfte. Die andere Hälfte gab er Zero.

»Hier, iss.«

»Was ist das?«, flüsterte Zero.

»Eis mit heißer Karamellsauce.«

39

Stanley wachte auf einer Wiese auf und schaute hoch zu dem gewaltigen Felsen. Die verschiedenen Gesteinsschichten zeigten alle möglichen Schattierungen von Rot, Ocker, Braun und Gelb. Der Fels musste über hundert Fuß hoch sein.

Eine Weile lag Stanley nur da und schaute ihn an. Er hatte nicht die Kraft aufzustehen. Es kam ihm so vor, als wäre die Innenseite seines Mundes und seines Halses mit einer Schicht Sand überzogen.

Kein Wunder. Als er sich auf den Bauch rollte, sah er das Wasserloch. Es war etwa zweieinhalb Fuß tief und über drei Fuß breit. Am Boden stand dunkelbraunes Wasser, nicht mehr als zwei Zoll tief.

Stanleys Hände und Finger waren wund vom Graben, vor allem die Haut unter den Nägeln. Er schöpfte sich etwas von dem lehmigen Wasser in den Mund, bewegte es hin und her und versuchte es mit den Zähnen zu filtern.

Zero stöhnte.

Stanley wollte etwas zu ihm sagen, aber die Wörter kamen ihm nicht aus dem Mund und er musste es noch einmal versuchen. »Wie geht's dir?« Das Sprechen tat weh.

»Nicht gut«, sagte Zero leise. Unter großer Anstrengung rollte er sich auf den Bauch, kam auf alle viere und kroch zum Wasserloch. Er steckte den Kopf hinein und schleckte etwas Wasser auf.

Dann fuhr er plötzlich zurück, riss die Knie an die Brust und rollte auf die Seite. Sein ganzer Körper zitterte heftig.

Stanley überlegte, ob er wieder hinuntersteigen sollte, um nach der Schaufel zu suchen und damit das Loch zu vergrößern. Vielleicht hätten sie dann sauberes Wasser. Die Einmachgläser könnten sie als Trinkgefäße nehmen.

Aber er glaubte nicht, dass seine Kraft dazu reichte, geschweige denn, es wieder hier hinauf zu schaffen. Außerdem wusste er ja auch gar nicht, wo er suchen sollte.

Mühsam kam er auf die Beine. Er stand in einem Feld aus lauter grünweißen Blumen, das den Großen Daumen ganz zu umschließen schien.

Er atmete tief durch und ging dann die letzten fünfzig Yards bis zu dem riesigen Felsen und legte eine Hand darauf.

Abgeschlagen. Du bist dran.

Dann ging er zurück zu Zero und dem Wasserloch. Auf dem Weg pflückte er eine der Blumen. Eigentlich hatte sie nicht eine einzige große Blüte, bemerkte er, sondern eine Vielzahl winzig kleiner Blüten, die einen Ball formten. Er probierte ein Stückchen davon, spuckte es aber gleich wieder aus.

Einen Teil der Spur, die er in der Nacht hinterlassen hatte, als er Zero den Berg hinaufgetragen hatte, konnte er erkennen. Wenn er wirklich wieder hinunter wollte, um nach der Schaufel zu suchen, dann müsste er sich bald auf den Weg machen, solange die Spur noch frisch war. Andererseits wollte er Zero nicht gern allein lassen. Er hatte Angst, Zero könnte sterben, während er selbst weg war.

Zero lag immer noch zusammengekrümmt auf der Seite. »Ich muss dir was erzählen«, sagte er stöhnend.

»Sprich jetzt nicht«, sagte Stanley. »Spar dir deine Kräfte auf für später.«

»Nein, du musst mir zuhören«, beharrte Zero. Dann schloss er die Augen und sein Gesicht verzerrte sich vor Schmerz.

»Ich hör dir zu«, flüsterte Stanley.

»Ich hab deine Schuhe genommen«, sagte Zero.

Stanley begriff nicht, was Zero meinte. Er hatte seine Schuhe doch an. »Schon gut«, sagte er. »Ruh dich jetzt aus.«

»Es ist alles meine Schuld«, sagte Zero.

»Keiner hat Schuld«, sagte Stanley.

»Ich hab's nicht gewusst«, sagte Zero.

»Schon gut«, sagte Stanley. »Ruh dich aus!«

Zero schloss die Augen. Aber dann fing er wieder an: »Das mit den Schuhen, das wusste ich nicht.«

»Was für Schuhen?«

»Denen vom Heim.«

Stanley brauchte noch einen Moment, bis er begriff. »Die von Clyde Livingston?«

»Es tut mir Leid«, sagte Zero.

Stanley starrte ihn an. Das war nicht möglich. Zero hatte Fieber, er phantasierte.

Sein Geständnis schien Zero etwas Erleichterung zu verschaffen. Seine Gesichtsmuskeln entspannten sich. Während er langsam hinüberdämmerte, sang Stanley ihm das Lied, das seit Generationen in seiner Familie gesungen wurde.

»Wenn, ja wenn«, seufzte der Specht,
»die Rinde am Baum nur ein bisschen weicher wär!«
Und unten lauert der Wolf,
hungrig und einsam heult er zum Mond,
zum Mo-ho-hond:
»Wenn, ja wenn!«

40

Als Stanley in der Nacht die Zwiebel fand, hatte er sich keine Gedanken darüber gemacht, wie sie wohl dahin gekommen war. Er hatte sie nur dankbar gegessen. Aber als er jetzt dasaß und auf den Großen Daumen und die blühende Wiese blickte, kam ihm die Sache doch seltsam vor.

Wo es eine wilde Zwiebel gab, da konnte es auch mehr geben.

Er rieb seine Finger aneinander, damit sie aufhörten wehzutun. Dann bückte er sich und nahm sich eine neue Blume. Dieses Mal zog er die ganze Pflanze mit den Wurzeln heraus.

»Zwiebeln! Frische, scharfe, süße Zwiebeln!«, rief Sam, während Mary Lou den Karren durch die Hauptstraße zog. »Acht Cent das Dutzend.«

Es war ein schöner Frühlingsmorgen. Der Himmel sah wie gemalt aus, blassblau und rosa – die Farben des Sees und der Pfirsichbäume an seinem Ufer.

Mrs. Gladys Tennyson war noch im Nachthemd und Morgenrock, als sie Sam auf der Straße hinterherlief.

Mrs. Tennyson war sonst eine sehr feine Frau, die niemals ohne Hut und elegante Kleidung aus dem Haus ging. Deswegen waren die Bewohner von Green Lake völlig überrascht, als sie so an ihnen vorbeilief.

»Sam!«, rief sie.

»Brrr, Mary Lou!«, sagte Sam und brachte Esel und Karren zum Stehen. »Morgen, Mrs. Tennyson«, grüßte er dann. »Wie geht's der kleinen Becca?«

Gladys Tennyson strahlte übers ganze Gesicht. »Ich glaube, sie ist über den Berg. Seit einer Stunde sinkt das Fieber. Das haben wir nur dir zu verdanken!«

»Danken Sie besser dem lieben Gott und Doc Hawthorn.«

»Dem lieben Gott schon«, stimmte Mrs. Tennyson zu, »aber nicht Dr. Hawthorn. Dieser Quacksalber wollte ihr Egel auf den Bauch setzen! Egel! Du lieber Himmel! Er hat gesagt, sie würden ihr das schlechte Blut aus dem Körper saugen. Kannst du mir sagen, wie ein Egel gutes Blut von schlechtem Blut unterscheiden soll?«

»Also, ich könnte es nicht«, meinte Sam.

»Es war dein Zwiebelsaft«, sagte Mrs. Tennyson. »Der hat sie gerettet.«

Inzwischen standen auch andere Bewohner der kleinen Stadt um den Karren herum. »Guten Morgen, Gladys«, sagte Hattie Parker. »Du siehst wirklich reizend aus heute Morgen.«

Einige Leute kicherten.

»Guten Morgen, Hattie«, antwortete Mrs. Tennyson.

»Weiß dein Mann eigentlich, dass du im Nachthemd auf der Straße spazieren gehst?«, fragte Hattie.

Wieder gab es Gekicher.

»Vielen Dank, aber mein Mann weiß genau, wo ich bin und wie ich gekleidet bin«, sagte Mrs. Tennyson. »Wir sind beide die ganze Nacht auf den Beinen gewesen wegen Rebecca. Sie wäre uns fast gestorben. Sie hat sich den Magen verdorben. Es sieht so aus, als hätte sie verdorbenes Fleisch gegessen.«

Hattie lief rot an. Ihr Mann, Jim Parker, war der Metzger der Stadt.

»Meinen Mann und mich hat es auch erwischt«, fuhr Mrs. Tennyson fort, »aber unsere Becca hat es fast umgebracht, sie ist ja noch so klein. Sam hat ihr das Leben gerettet.«

»Ich nicht«, sagte Sam. »Die Zwiebeln waren es.«

»Wie schön, dass es Becca wieder besser geht«, sagte Hattie verkniffen.

»Ich sage Jim immer, er soll seine Messer sauber machen«, sagte Mr. Pike, der Inhaber der Gemischtwarenhandlung.

Hattie Parker entschuldigte sich und ging rasch davon.

»Sag Becca, sie soll vorbeikommen, wenn sie wieder bei Kräften ist, dann bekommt sie ein Bonbon von mir«, sagte Mr. Pike.

»Danke, das werde ich machen.«

Bevor sie wieder nach Hause ging, kaufte Mrs. Tennyson Sam ein Dutzend Zwiebeln ab. Sie gab ihm ein Zehncentstück und sagte ihm, er solle den Rest behalten.

»Almosen nehme ich nicht«, sagte Sam, »aber wenn Sie ein paar Zwiebeln extra kaufen wollen für Mary Lou – die freut sich bestimmt.«

»Nun gut«, sagte Mrs. Tennyson, »dann geben Sie mir Zwiebeln für den Rest.«

Sam gab Mrs. Tennyson noch drei Zwiebeln dazu und sie verfütterte eine nach der anderen an Mary Lou. Sie lachte, als der alte Esel ihr aus der Hand fraß.

Stanley und Zero verschliefen den größten Teil der nächsten zwei Tage. Zwischendurch aßen sie Zwiebeln, so viele sie wollten, und gossen sich Lehmwasser in den Mund. Am späten Nachmittag gab der Große Daumen ihnen Schatten. Stanley versuchte das Loch tiefer zu machen, aber dazu hätte er die Schaufel gebraucht. Mit seinen Bemühungen wühlte er den Lehm nur noch mehr auf und machte das Wasser immer schmutziger.

Zero schlief. Er war noch immer sehr krank und schwach, aber der Schlaf und die Zwiebeln schienen ihm doch gut zu tun. Stanley hatte nicht mehr solche Angst, dass Zero im nächsten Moment sterben könnte.

Trotzdem wollte er nicht losgehen, um nach der Schaufel zu suchen, solange Zero schlief. Er wollte nicht, dass er aufwachte und glaubte, er sei verlassen worden.

Er wartete, bis Zero die Augen wieder aufmachte.

»Ich denke, ich geh mal nach der Schaufel gucken«, sagte Stanley.

»Ich warte hier«, sagte Zero schwach, geradeso, als hätte er überhaupt eine Wahl.

Stanley stieg den Berg hinab. Der Schlaf und die Zwiebeln hatten auch ihm gut getan. Er fühlte sich wieder kräftig.

Es war recht einfach, der Spur zu folgen, die er vor zwei Tagen hinterlassen hatte. An ein paar Stellen war er sich nicht ganz sicher, aber er brauchte nur ein bisschen zu suchen, dann fand er die Spur wieder.

Er ging ziemlich weit den Berg hinunter, aber die Schaufel fand er nicht. Er drehte sich um und schaute nach oben. Er musste daran vorbeigelaufen sein, dachte er. Es war unmöglich, dass er Zero den ganzen Weg von hier unten getragen hatte.

Trotzdem stieg er noch ein Stück ab, für alle Fälle. Er kam an eine kleine Lichtung zwischen zwei großen Flecken voller Gestrüpp und setzte sich hin, um auszuruhen. Jetzt war er eindeutig zu weit gegangen, entschied er. Er war ja schon müde vom langen Weg den Berg *hinunter*. Es wäre unmöglich gewesen, Zero von hier aus den Berg *hinauf* zu tragen, zumal nachdem er den ganzen Tag lang ohne Essen und ohne Wasser gegangen war. Die Schaufel musste irgendwo im Gestrüpp versteckt sein.

Bevor er sich wieder an den Aufstieg machte, sah er sich noch einmal gründlich nach allen Seiten um. Ein Stück weiter unten am Berg sah er Gebüsch, das ein bisschen eingedrückt war. Es war unwahrscheinlich, dass die Schaufel dort sein sollte, aber nun war er schon mal so weit gekommen.

Da, zwischen ein paar höheren Sträuchern, fand er die Schaufel und den Sack mit den Gläsern. Er staunte. Er fragte sich, ob es möglich war, dass die Schaufel und der Sack den Abhang hinuntergerollt waren. Aber keines der Gläser war zerbrochen, bis auf das, das schon vorher kaputtgegangen war. Und wenn die Sachen hinuntergerollt wären, dann hätte er vermutlich kaum Sack und Schaufel nebeneinander gefunden.

Auf seinem Weg den Berg hinauf musste Stanley sich immer wieder hinsetzen und ausruhen. Es war ein langer, schwerer Anstieg.

41

Zero ging es immer besser.

Stanley schälte langsam eine Zwiebel. Es gefiel ihm, eine Schicht nach der anderen zu essen.

Das Wasserloch war jetzt fast so tief wie die Löcher, die sie im Camp gegraben hatten. Fast zwei Fuß hoch stand das trübe Wasser darin. Stanley hatte das Loch ganz allein gegraben. Zero hatte zwar angeboten, ihm zu helfen, aber Stanley war der Meinung gewesen, dass es besser sei, wenn Zero seine Kräfte schonte. Im Wasser zu graben war noch viel schwerer als in einem ausgetrockneten See.

Stanley war überrascht, dass er selbst nicht krank geworden war – weder vom Ssplisch noch vom dreckigen Wasser noch davon, dass er ausschließlich von Zwiebeln lebte. Zu Hause war er ziemlich oft krank gewesen.

Beide Jungen waren barfuß. Ihre Socken hatten sie gewaschen. Alles, was sie anhatten, war verdreckt, aber ihre Socken hatten es eindeutig am nötigsten gehabt.

Aus Angst, ihr Wasser zu verunreinigen, hatten sie die Socken nicht in das Loch getaucht. Stattdessen hatten sie die Gläser gefüllt und das Wasser über die dreckigen Socken laufen lassen.

»Ich bin nicht oft in das Heim für Straßenkinder gegangen«, sagte Zero. »Nur wenn das Wetter ganz schlecht war. Ich musste immer erst eine Frau finden, die so tat, als wäre sie meine Mutter. Wenn ich alleine gegangen wäre, hätten sie einen Haufen Fragen gestellt. Wenn sie dahinter gekommen wären, dass ich keine Mutter habe, wäre ich Staatsmündel geworden.«

»Was heißt denn das?«

Zero grinste. »Weiß ich auch nicht. Aber ich fand, es hörte sich nicht gut an.«

Stanley erinnerte sich, dass Mr. Pendanski der Chefin gesagt hatte, dass Zero ein Staatsmündel sei. Er fragte sich, ob Zero wohl wusste, dass er es inzwischen war.

»Ich schlaf gern draußen«, sagte Zero. »Ich hab mir immer eingebildet, ich wäre ein Pfadfinder. Ich wollte immer so gern ein Pfadfinder sein. Im Park hab ich sie oft gesehen mit ihren blauen Uniformen.«

»Ich war nie bei den Pfadfindern«, sagte Stanley. »Ich hab nie Glück gehabt mit solchen Gemeinschaftssachen. Die anderen haben mich immer bloß ausgelacht, weil ich so fett war.«

»Die blauen Uniformen haben mir gefallen«, sagte Zero. »Ob es mir auch so gut gefallen hätte, wirklich ein Pfadfinder zu sein, weiß ich natürlich nicht.«

Stanley zuckte mit den Achseln.

»Meine Mutter war mal bei den Pfadfinderinnen«, sagte Zero.

»Ich dachte, du hättest gesagt, du hast keine Mutter.«

»Jeder hat 'ne Mutter.«

»Klar, das weiß ich auch.«

»Sie hat mir erzählt, dass sie mal einen Preis gewonnen hat, weil sie irgendwann als Pfadfinderin die meisten Kekse verkauft hat«, sagte Zero. »Sie war unheimlich stolz darauf.«

Stanley schälte die nächste Schicht von seiner Zwiebel ab.

»Wir haben uns immer alles genommen, was wir brauchten«, fuhr Zero fort. »Als ich noch klein war, wusste ich nicht mal, dass das Stehlen war. Ich weiß nicht mehr, wann ich das rausgefunden habe. Aber wir haben immer nur das genommen, was wir brauchten, mehr nicht. Als ich dann die Schuhe ausgestellt sah im Heim, da hab ich eben einfach in die Vitrine gegriffen und sie mir genommen.«

»Die von Clyde Livingston?«, fragte Stanley.

»Ich wusste ja nicht, dass es seine waren. Ich dachte einfach, es wären alte Schuhe von irgendjemand. Es war ja auch besser, gebrauchte Schuhe wegzunehmen als ein Paar neue zu klauen. Es stand ein Schild dran, aber das konnte ich natürlich nicht lesen. Und kurz darauf gab es einen Riesenaufstand, weil die Schuhe weg waren. Irgendwie war es direkt komisch. Das ganze Heim spielte verrückt. Ich lief da rum mit den Schuhen an den Füßen und alles rannte hin und her und fragte: ›Was ist mit den Schuhen passiert?‹ ›Die Schuhe sind weg!‹ Ich bin einfach rausgegangen. Keiner hat auf mich geachtet. Als ich draußen war, bin ich um die nächste Ecke gegangen und hab die Schuhe gleich wieder ausgezogen. Ich hab sie auf dem Dach von einem geparkten Auto abgestellt. Ich weiß noch, dass sie furchtbar gestunken haben.«

»Ja, das waren sie«, sagte Stanley. »Haben sie dir denn gepasst?«

»So einigermaßen.«

Stanley erinnerte sich, wie überrascht er gewesen war, dass Clyde Livingston so kleine Füße hatte. Stanleys Schuhe waren größer. Clyde Livingston hatte kleine, schnelle Füße. Stanleys Füße waren groß und langsam.

»Ich hätte sie einfach behalten sollen«, meinte Zero. »Ich hatte es ja schon geschafft, aus dem Heim zu verschwinden und alles. Am nächsten Tag haben sie mich dann verhaftet, als ich mit einem neuen Paar Turnschuhe aus einem Schuhgeschäft kam. Wenn ich diese alten Dinger einfach behalten hätte, dann wäre keiner von uns jetzt hier.«

42

Zero war wieder kräftig genug, um zu graben. Als er aufhörte, war das Loch über sechs Fuß tief. Er legte Steine auf den Boden, um Sand und Wasser zu trennen.

Er war immer noch weit und breit derjenige, der am besten graben konnte.

»Das ist das letzte Loch, das ich im Leben gegraben habe«, sagte er und warf die Schaufel hin.

Stanley grinste. Er wünschte, dass es so wäre, aber er wusste, dass sie keine andere Wahl hatten, als irgendwann nach Camp Green Lake zurückzukehren. Sie konnten ja nicht für alle Zeit von Zwiebeln leben.

Auf der Suche nach Schatten hatten sie den Großen Daumen nach und nach einmal komplett umrundet. Er war wie der Zeiger einer riesigen Sonnenuhr.

Sie hatten einen freien Blick in alle Richtungen. Es gab nichts, wo sie hätten hingehen können. Der Berg stand inmitten einer Wüste.

Zero starrte den Großen Daumen an. »Da drinnen muss irgendwo ein Loch sein«, sagte er, »ein Loch mit Wasser.«

»Glaubst du?«

»Wo soll das Wasser sonst herkommen?«, fragte Zero. »Wasser läuft doch nicht bergauf.«

Stanley biss in eine Zwiebel. Er spürte kein Brennen in den Augen oder in der Nase, eigentlich fand er nicht einmal mehr den Geschmack besonders intensiv.

Er erinnerte sich an den bitteren Geruch, der in der Luft gelegen hatte, als er Zero den Berg hinaufgetragen hatte. Es war der Geruch von Tausenden von Zwiebeln gewesen – wachsenden, faulenden, keimenden.

Jetzt roch er gar nichts mehr.

»Was meinst du wohl, wie viele Zwiebeln wir gegessen haben?«, fragte er.

Zero zuckte mit den Achseln. »Ich weiß nicht mal, wie lange wir eigentlich schon hier sind.«

»Schätzungsweise eine Woche«, sagte Stanley. »Und ich würde sagen, dass jeder von uns am Tag so an die zwanzig Zwiebeln isst, das macht ...«

»Zweihundertachtzig Zwiebeln«, sagte Zero.

Stanley grinste. »Ich wette, wir beide stinken nicht schlecht.«

Zwei Nächte später lag Stanley wach und starrte in den Himmel, der übersät war mit Sternen. Er war zu glücklich, um einzuschlafen.

Er wusste, dass er keinen Grund hatte, glücklich zu sein. Irgendwo hatte er mal gehört oder gelesen, dass es Menschen, die erfrieren, kurz vor dem Tod mit einem Mal ganz warm und wohlig wird. Er fragte sich, ob er vielleicht gerade dasselbe erlebte.

Es kam ihm in den Sinn, dass er sich nicht erinnern konnte, wann er das letzte Mal glücklich gewesen war. Es war ja nicht so, dass sein Leben erst so jammervoll geworden war, als er nach Camp Green Lake kam. Er war ja schon vorher unglücklich gewesen, als er noch zur Schule ging, wo er keine Freunde hatte und wo Ekel wie Derrick Dunne es immer auf ihn abgesehen hatten. Keiner konnte ihn leiden und ehrlich gesagt mochte er sich auch selbst nicht leiden.

Jetzt mochte er sich leiden.

Er fragte sich, ob er vielleicht schon im Delirium war.

Er sah zu Zero hinüber, der neben ihm schlief. Zeros Gesicht wurde vom Licht der Sterne beleuchtet und vor seiner Nase bewegte sich ein Blütenblatt genau im Rhythmus seines Atems. Es erinnerte Stanley an etwas, das er einmal in einem Zeichentrickfilm gesehen hatte. Wenn Zero einatmete, sog er das Blatt so weit an, dass es fast seine Nase berührte. Wenn Zero ausatmete, bewegte sich das Blatt in Richtung Kinn. Es blieb erstaunlich lange über Zeros Gesicht, bevor es zur Seite geweht wurde.

Stanley überlegte, ob er es zurücklegen sollte vor Zeros Nase, aber er wusste, dass es dann nicht mehr dasselbe sein würde.

Es war ihm irgendwie so vorgekommen, als hätte

Zero schon immer in Camp Green Lake gelebt, aber als Stanley jetzt darüber nachdachte, wurde ihm klar, dass Zero höchstens einen oder zwei Monate vor ihm dorthin gekommen sein konnte. Zero war ja sogar einen Tag nach ihm festgenommen worden. Stanleys Prozess war allerdings wegen der Baseballspiele immer wieder verschoben worden.

Er musste an etwas denken, was Zero vor ein paar Tagen gesagt hatte. Wenn Zero damals die Schuhe behalten hätte, dann wäre keiner von ihnen jetzt hier.

Als Stanley so in den glitzernden Nachthimmel blickte, konnte er sich keinen Ort vorstellen, an dem er jetzt lieber wäre. Er war froh, dass Zero die Schuhe auf das geparkte Auto gestellt hatte. Er war froh, dass sie von der Überführung und ihm auf den Kopf gefallen waren.

Als sie an jenem Tag vom Himmel fielen, hatte er geglaubt, das sei ein Wink des Schicksals gewesen. Jetzt dachte er dasselbe. Das war kein Zufall mehr. Das musste Schicksal gewesen sein.

Vielleicht mussten sie auch gar nicht nach Camp Green Lake zurückkehren, dachte er. Vielleicht konnten sie das Camp umgehen und dann immer der Landstraße folgen, bis sie wieder die Zivilisation erreichten. Sie könnten den Sack mit Zwiebeln vollstopfen und die drei Gläser mit Wasser füllen. Außerdem hatte er ja noch seine Trinkflasche.

Sie könnten sich auch ihre Gläser und die Flasche im

Camp wieder auffüllen. Möglicherweise könnten sie sich auch in die Küche schleichen und sich etwas zu essen holen.

Er bezweifelte, dass von den Betreuern noch jemand Wache hielt. Inzwischen musste jeder sie für tot halten. Futter für die Geier.

Das würde aber bedeuten, dass er den Rest seines Lebens auf der Flucht wäre. Die Polizei würde immer hinter ihm her sein. Immerhin könnte er seine Eltern anrufen und ihnen sagen, dass er noch am Leben war. Nur besuchen könnte er sie nicht, für den Fall, dass die Polizei die Wohnung beobachtete. Andererseits, wenn jeder ihn für tot hielt, warum sollten sie sich dann die Mühe machen, die Wohnung zu bewachen. Irgendwie müsste er sich eine neue Identität verschaffen.

Also, jetzt fange ich wirklich an zu spinnen, dachte er. Er fragte sich, ob jemand, der verrückt wird, sich fragt, ob er verrückt wird.

Aber während er noch darüber nachdachte, kam ihm eine noch verrücktere Idee. Er wusste, dass sie zu verrückt war, als dass es sich lohnte, überhaupt darüber nachzudenken. Trotzdem – wenn er für den Rest seines Lebens auf der Flucht sein musste, dann würde es nicht schaden, ein bisschen Geld zu haben, vielleicht eine Schatzkiste voller Geld.

Du spinnst!, sagte er sich. Bloß weil er eine Lippenstifthülse gefunden hatte, auf der *K B* stand, hieß das noch lange nicht, dass dort ein Schatz vergraben sein musste.

Es war verrückt. Es gehörte alles zu diesem verrückten Glücksgefühl dazu.

Oder es war Schicksal.

Er streckte eine Hand aus und rüttelte Zero am Arm. »He, Zero«, flüsterte er.

»Was ist?«, brummte Zero.

»Zero, wach auf!«

»Was?« Zero hob den Kopf. »Was ist los?«

»Magst du vielleicht noch ein allerletztes Loch graben?«

43

»Wir haben nicht immer auf der Straße gelebt«, sagte Zero. »Ich kann mich noch an ein gelbes Zimmer erinnern.«

»Wie alt warst du, als du –«, fing Stanley an, hatte dann aber Mühe, die richtigen Worte zu finden. »– als du ausgezogen bist?«

»Keine Ahnung. Aber ich muss noch sehr klein gewesen sein, weil ich nur noch ganz wenig weiß. Ich erinnere mich nicht mehr daran, wie wir ausgezogen sind. Ich weiß nur noch, wie ich in meinem Bettchen stand und meine Mutter mir was vorgesungen hat. Sie hielt mich an den Handgelenken und ließ mich in die Hände klatschen. Das Lied hat sie ganz oft gesungen. Das gleiche, das du gesungen hast … Das heißt, nein, es war anders …«

Zero sprach langsam, so als müsste er in seinem Kopf nach Erinnerungen suchen, nach Spuren. »Danach weiß ich nur noch, dass wir auf einmal auf der Straße wohnten, aber nicht mehr, wie wir aus dem Haus raus sind. Ich bin mir ziemlich sicher, dass es ein Haus war, keine Wohnung, und ich weiß, dass mein Zimmer gelb war.«

Es war später Nachmittag. Sie saßen im Schatten des Daumens und ruhten sich aus. Den Vormittag hatten sie damit verbracht, Zwiebeln zu ernten und in den Sack zu stopfen. Lange hatten sie nicht dafür gebraucht, aber immerhin lange genug, dass sie bis zum nächsten Tag warten mussten, um sich an den Abstieg zu machen.

Sie wollten beim allerersten Tageslicht aufbrechen, damit sie genügend Zeit hätten, um es vor Einbruch der Dunkelheit nach Camp Green Lake zu schaffen. Stanley wollte ganz sicher gehen, dass er auch das richtige Loch wieder fand. Danach würden sie sich in der Nähe verstecken, bis alles schlafen gegangen war.

Sie würden so lange graben, wie es ihnen sicher erschiene, keine Sekunde länger. Dann würden sie weitergehen, egal, ob sie einen Schatz gefunden hätten oder nicht. Falls es ihnen absolut sicher erschiene, würden sie versuchen, aus der Küche Proviant zu klauen.

»Ich bin gut darin, mich irgendwo rein- oder rauszuschleichen«, hatte Zero gesagt.

»Denk daran«, hatte Stanley ihn gewarnt, »dass die Tür zum Aufenthaltsraum quietscht.«

Jetzt lag er auf dem Rücken und versuchte seine Kräfte zu schonen für die langen Tage, die vor ihnen lagen. Er überlegte, was wohl mit Zeros Eltern passiert war, aber er wollte lieber nicht fragen. Zero antwortete nicht gern auf Fragen. Es war besser, man ließ ihn reden, wenn ihm danach war.

Stanley dachte an seine eigenen Eltern. In ihrem letzten Brief hatte die Mutter sich Sorgen gemacht, dass sie aus der Wohnung geworfen werden könnten, weil es bei ihnen immer so nach verbrannten Turnschuhen stank. Es könnte leicht passieren, dass sie demnächst auch auf der Straße standen.

Wieder fragte er sich, ob man ihnen wohl gesagt hatte, dass er weggerannt war. Ob man ihnen erzählt hatte, er sei tot?

Ein Bild tauchte in seinem Kopf auf, das Bild seiner Eltern, die sich weinend umarmten. Er versuchte, nicht daran zu denken.

Stattdessen versuchte er, die Gefühle der vergangenen Nacht wieder zu erwecken – das unerklärliche Glücksgefühl, das Empfinden, dass das, was geschehen war, Schicksal war. Doch diese Gefühle kamen nicht wieder.

Er hatte nur Angst.

Am nächsten Morgen machten sie sich an den Abstieg. Ihre Mützen hatten sie in das Wasserloch getaucht, bevor sie sie aufsetzten. Zero trug die Schaufel und Stanley den Sack, der prallvoll war mit Zwiebeln und den drei Gläsern mit Wasser. Die Scherben des vierten Glases ließen sie auf dem Berg zurück.

»Hier hab ich die Schaufel gefunden«, sagte Stanley und zeigte auf einen Busch.

Zero drehte sich um und blickte auf zum Gipfel des Berges. »Ganz schön weit!«

»Du hast ja nicht viel gewogen«, sagte Stanley. »Du hattest ja alles ausgekotzt, was du im Bauch hattest.«

Er hängte den Sack über die andere Schulter. Er war ziemlich schwer. Er trat auf einen losen Stein, rutschte aus und fiel hin. Im nächsten Moment glitt er den Steilhang hinunter. Er ließ den Sack los und Zwiebeln kullerten um ihn herum.

Er rutschte auf einen kleinen Busch zu und ergriff eine Dornenranke. Zwar riss er sie damit aus, aber immerhin war er so viel langsamer geworden, dass er sich bremsen konnte.

»Alles in Ordnung mit dir?«, fragte Zero von oben.

Stanley stöhnte, während er sich einen Dorn aus der Handfläche zog. »Ja«, sagte er. Mit ihm war alles in Ordnung. Er machte sich mehr Sorgen um die Wassergläser.

Zero kletterte ihm nach und brachte auch den Sack mit, der auf halber Strecke lag. Stanley zog sich ein paar Dornen aus seinen Hosenbeinen.

Die Gläser waren nicht zerbrochen. Die Zwiebeln hatten sie geschützt wie eine Styroporverpackung. »Ich bin bloß froh, dass dir das nicht passiert ist, als du mich getragen hast«, sagte Zero.

Sie hatten etwa ein Drittel der Zwiebeln verloren, fanden aber eine ganze Menge auf ihrem weiteren

Abstieg wieder. Als sie unten ankamen, stieg die Sonne gerade über dem See auf. Sie gingen direkt darauf zu.

Bald darauf standen sie auf einer Felsenklippe und sahen hinunter auf das trockene Bett des Sees. Stanley war sich nicht sicher, aber es schien ihm so, als könnte er die Reste der *Mary Lou* in der Ferne sehen.

»Hast du Durst?«, fragte Stanley.

»Nein«, sagte Zero, »und du?«

»Ich auch nicht«, log Stanley. Er wollte nicht der Erste sein, der etwas trank. Obwohl sie nie darüber sprachen, war das so eine Art Wettstreit geworden zwischen ihm und Zero.

Sie stiegen hinunter in die Bratpfanne. Sie waren nicht an derselben Stelle, an der sie aufgestiegen waren. Sie kletterten von einem Felsvorsprung zum nächsten und rutschten zwischendurch immer wieder ein Stück. Auf ihren Sack passten sie besonders gut auf.

Stanley konnte die *Mary Lou* nicht mehr sehen, aber er ging weiter in die Richtung, in der sie seiner Meinung nach liegen musste. Die Sonne stieg höher und mit ihr zog auch der vertraute Dunst aus Staub und Hitze auf.

»Hast du Durst?«, fragte Zero.

»Nein«, sagte Stanley.

»Immerhin schleppst du drei Gläser mit Wasser«, sagte Zero. »Ich dachte, es könnte dir langsam zu schwer werden. Wenn du ein bisschen trinkst, wird's leichter.«

»Ich bin nicht durstig«, sagte Stanley. »Aber wenn du was trinken willst, geb ich dir was.«

»Ich bin auch nicht durstig«, antwortete Zero. »Ich hab mir nur Sorgen um dich gemacht.«

Stanley grinste. »Ich bin ein Kamel.«

Sie gingen weiter, aber auch als es ihnen so vorkam, als wären sie schon sehr lange gelaufen, stießen sie doch nie auf die *Mary Lou*. Stanley war sich ziemlich sicher, dass die Richtung stimmte. Als sie vom Boot weggegangen waren, erinnerte er sich, waren sie auf die untergehende Sonne zugelaufen. Jetzt gingen sie auf die aufgehende Sonne zu. Er wusste, dass die Sonne nicht ganz genau im Osten auf- und im Westen unterging, sondern eher im Südosten beziehungsweise Südwesten, aber inwieweit das einen Unterschied machte, konnte er nicht sagen.

Sein Hals fühlte sich an, als wäre er mit Sandpapier ausgekleidet. »Bist du ganz sicher, dass du keinen Durst hast?«, fragte er.

»Ich hab keinen«, antwortete Zero mit rauer, trockener Stimme.

Als sie schließlich tatsächlich etwas tranken, einigten sie sich, es gleichzeitig zu tun. Zero, der mittlerweile den Sack trug, setzte ihn ab, holte zwei Gläser heraus und gab eines davon Stanley. Sie beschlossen, die Trinkflasche bis zuletzt aufzuheben, weil sie nicht kaputtgehen konnte.

»Du weißt, dass ich keinen Durst habe«, sagte Stanley, als er den Deckel von seinem Glas abschraubte. »Ich trinke nur deswegen, damit *du* was trinkst.«

»Und ich trinke nur deswegen, damit *du* was trinkst«, sagte Zero.

Sie stießen mit den Gläsern an und gossen sich das Wasser in ihre störrischen Münder, während einer den anderen beobachtete.

Zero entdeckte die *Mary Lou* als Erster, etwa eine Viertelmeile entfernt und nur ein klein wenig weiter rechts. Sie gingen darauf zu.

Es war noch nicht einmal Mittag, als sie beim Boot ankamen. Sie setzten sich, lehnten sich auf der schattigen Seite an die Bootswand und ruhten sich aus.

»Ich weiß nicht, was mit meiner Mutter passiert ist«, sagte Zero. »Irgendwann ist sie weggegangen und nicht wiedergekommen.«

Stanley schälte sich eine Zwiebel.

»Sie konnte mich nicht überallhin mitnehmen«, sagte Zero. »Manchmal musste sie auch Dinge allein erledigen.«

Stanley hatte das Gefühl, dass Zero sich selbst etwas erklärte.

»Sie sagte mir dann immer, wo ich auf sie warten sollte. Als ich noch ganz klein war, musste ich immer an einer ganz genau festgelegten Stelle warten, auf der

Treppe vor einem Haus oder in einem Eingang. ›Bleib hier sitzen, bis ich wieder da bin‹, sagte meine Mutter dann. Ich mochte es nicht, wenn sie wegging. Ich hatte ein Kuscheltier, eine kleine Giraffe, und die hab ich immer ganz fest an mich gedrückt, solange meine Mutter weg war. Als ich dann größer war, durfte ich schon ein bisschen weiter weggehen. Sie sagte dann: ›Bleib hier bei diesem Häuserblock‹ oder ›Du darfst den Park nicht verlassen‹. Aber auch dann hab ich Jaffy noch festgehalten.«

Stanley nahm an, dass Jaffy der Name von Zeros Giraffe war.

»Eines Tages kam sie nicht zurück«, sagte Zero. Seine Stimme klang auf einmal ganz hohl. »Ich war im Laney Park und hab auf sie gewartet.«

»Laney Park«, wiederholte Stanley. »Da bin ich schon gewesen.«

»Kennst du den Spielplatz da?«, fragte Zero.

»Ja, da hab ich mal gespielt.«

»Über einen Monat lang hab ich da gewartet«, sagte Zero. »Kennst du noch den Tunnel, durch den man kriechen kann, zwischen der Rutsche und der Hänge-brücke? Da hab ich geschlafen.«

Sie aßen jeder vier Zwiebeln und tranken etwa ein halbes Glas Wasser. Stanley stand auf und sah sich um. Egal, wohin er schaute, es sah alles gleich aus.

»Als ich vom Camp weggelaufen bin, hab ich immer

247

auf den Großen Daumen zugehalten«, sagte er. »Das Boot hab ich rechts von mir gesehen. Das heißt, wir müssten uns ein bisschen weiter links halten.«

Zero war in Gedanken woanders. »Was? Okay.«

Sie brachen wieder auf. Diesmal war Stanley an der Reihe, den Sack zu tragen.

»Es gibt Kinder, die feiern ihren Geburtstag«, sagte Zero. »Das war vielleicht zwei Wochen, nachdem meine Mutter weggegangen war. Da haben sie gleich neben dem Spielplatz einen Tisch aufgebaut für ein Picknick und Luftballons aufgehängt. Die Kinder sahen so aus, als ob sie ungefähr so alt waren wie ich. Ein Mädchen kam und hat mich gefragt, ob ich mitspielen wollte. Ich wollte gern, aber ich hab's nicht gemacht. Ich wusste, dass ich nicht dazugehörte, auch wenn es nicht ihr Spielplatz war. Da war so eine Mutter, die starrte mich die ganze Zeit an, als ob ich ein Monster wäre oder so was. Später kam ein Junge und fragte mich, ob ich ein Stück Kuchen wollte, aber dann hat diese Mutter zu mir gesagt: ›Geh weg!‹ und hat allen Kindern gesagt, sie dürften nicht zu mir gehen, also hab ich das Stück Kuchen nicht gekriegt. Ich bin so schnell weggerannt, dass ich Jaffy vergessen habe.«

»Hast du sie – äh – es wieder gefunden?«

Zero schwieg einen Moment lang. Dann sagte er. »Sie war sowieso nicht echt.«

Stanley musste wieder an seine eigenen Eltern denken, daran, wie schlimm es für sie sein würde, nicht zu wissen, ob er tot oder am Leben war. Er begriff, dass sich Zero so gefühlt haben musste, als er nicht wusste, was mit seiner Mutter passiert war. Er fragte sich, wieso Zero seinen Vater nie erwähnte.

»Bleib mal stehen«, sagte Zero plötzlich. »Wir gehen verkehrt.«

»Nein, wir sind richtig«, sagte Stanley.

»Als du das Boot rechts gesehen hast, warst du auf dem Weg zum Großen Daumen«, sagte Zero. »Das heißt, wir hätten nach rechts gehen müssen, als wir vom Boot weggegangen sind.«

»Bist du sicher?«

Zero zeichnete eine Skizze in den Sand.

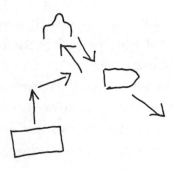

Stanley war immer noch nicht überzeugt.

»Wir müssen hier lang gehen«, sagte Zero. Er zeichnete erst einen Pfeil in den Plan, dann ging er in derselben Richtung los.

Stanley folgte ihm. Es kam ihm nicht richtig vor, aber Zero schien sich seiner Sache ganz sicher zu sein.

Irgendwann mitten am Nachmittag zog eine Wolke über den Himmel und verdeckte die Sonne. Es war eine willkommene Erleichterung. Wieder einmal hatte Stanley das Gefühl, das Schicksal auf seiner Seite zu haben.

Zero blieb stehen und streckte einen Arm aus, damit Stanley auch stehen blieb.

»Hör mal!«, flüsterte Zero.

Stanley hörte nichts.

Oder vielleicht doch?

So leise wie möglich gingen sie weiter. In weiter Ferne hörte Stanley die Geräusche von Camp Green Lake. Noch waren sie zu weit weg, um das Camp sehen zu können, aber sie hörten ein Gemisch aus Stimmen, die sie nicht weiter unterscheiden konnten. Als sie näher kamen, war von Zeit zu Zeit das Bellen von Mr. Sir deutlich herauszuhören.

Langsam und schweigsam gingen sie weiter. Der Schall wandert schließlich in beide Richtungen.

Sie erreichten eine Stelle, an der eine Reihe von Löchern gegraben waren. »Lass uns hier warten, bis sie reingehen«, sagte Zero.

Stanley nickte. Er sah erst nach, ob das Loch auch nicht bewohnt war, bevor er hineinkletterte. Zero stieg in das Loch daneben.

Obwohl sie eine Zeit lang verkehrt gegangen waren,

hatten sie viel weniger lang gebraucht, als Stanley erwartet hatte. Jetzt mussten sie einfach warten.

Die Sonne stach durch die Wolken, und Stanley fühlte, wie ihre Strahlen auf ihn herunterbrannten. Aber bald zogen mehr Wolken am Himmel auf, so dass Stanley und sein Loch im Schatten waren.

Er wartete, bis er sicher war, dass auch der Letzte im Camp für diesen Tag Schluss gemacht hatte.

Dann wartete er noch ein bisschen länger.

So leise wie möglich kletterten Zero und er aus ihren Löchern und schlichen zum Camp. Stanley hielt den Sack fest umklammert vor der Brust, statt ihn wie sonst über der Schulter zu tragen, damit die Gläser nicht aneinanderschlagen konnten.

Schrecken überkam ihn, als er die Anlage vor sich sah – die Zelte, den Aufenthaltsraum, die Hütte der Chefin unter den beiden Eichen. Ihm wurde schwindlig vor Furcht. Er holte Luft, nahm seinen ganzen Mut zusammen und ging weiter.

»Das da ist es«, flüsterte er und wies auf das Loch, in dem er das goldene Röhrchen gefunden hatte. Es war immer noch an die fünfzig Yards entfernt, aber Stanley war sich ziemlich sicher, dass es das richtige war. Es gab keinen Grund, das Risiko einzugehen und sich noch näher heranzuwagen.

Wieder kletterten sie in zwei benachbarte Löcher und warteten darauf, dass das ganze Camp schlief.

44

Stanley versuchte zu schlafen, schließlich wusste er nicht, wann er wieder Gelegenheit dazu haben würde. Er hörte die Geräusche von den Duschen und, später, von der Essensausgabe. Er hörte das Quietschen der Tür zum Aufenthaltsraum. Seine Finger trommelten gegen die Seitenwand des Lochs. Er hörte sein eigenes Herz schlagen.

Er trank einen Schluck aus der Trinkflasche. Die Wassergläser hatte er Zero gegeben. Beide hatten sie eine ganze Menge Zwiebeln gegessen.

Er konnte nicht mit Sicherheit sagen, wie lange er in dem Loch gesessen hatte, vielleicht fünf Stunden. Er war erstaunt, als er Zero flüstern hörte, der ihn aufwecken wollte. Er hatte gar nicht gemerkt, dass er eingeschlafen war. Und wenn, dann konnten es eigentlich höchstens fünf Minuten gewesen sein. Aber als er die Augen öffnete, war er überrascht, wie dunkel es auf einmal war.

Ein einziges Licht brannte im ganzen Camp, und zwar im Büro. Der Himmel war voller Wolken, so dass nur ganz wenige Sterne leuchteten. Stanley sah die schmale Sichel des Mondes, die zwischen den Wolken immer wieder auftauchte und verschwand.

Vorsichtig führte er Zero zu dem Loch. Es war schwer zu finden im Dunkeln. Er stolperte über einen kleinen Erdhaufen. »Ich glaube, das hier ist es«, flüsterte er.

»Du *glaubst* es?«, fragte Zero.

»Das *ist* es«, sagte Stanley und bemühte sich, überzeugter zu klingen, als er eigentlich war. Er stieg hinein. Zero reichte ihm die Schaufel.

Stanley stieß die Schaufel am Boden des Lochs in die Erde und trat auf die Oberkante des Schaufelblatts. Er spürte, wie es unter seinem Gewicht einsank. Er löste etwas Erde und warf sie seitlich neben das Loch. Dann senkte er die Schaufel wieder ins Loch.

Zero schaute ihm eine Weile zu. »Ich werde mal versuchen, die Wassergläser nachzufüllen«, sagte er dann.

Stanley holte tief Luft und atmete wieder aus. »Pass bloß auf«, sagte er. Dann grub er weiter.

Es war so dunkel, dass er nicht einmal das Ende seiner Schaufel erkennen konnte. Er hätte geradeso gut Gold und Edelsteine rausholen können statt Erde, er hätte es gar nicht gemerkt. Bevor er die Erde oben ablud, hielt er sich die Schaufel jedes Mal dicht vor die Augen und versuchte zu erkennen, ob sich irgendetwas darin befand.

Je tiefer das Loch wurde, desto schwerer fiel es ihm,

die Erde nach oben zu heben und draußen abzuladen. Schon bevor er angefangen hatte, war das Loch bereits fünf Fuß tief gewesen. Er beschloss, seine Kräfte lieber dafür zu nutzen, es breiter zu machen.

Das war auch sinnvoller, sagte er sich. Falls Kate Barlow eine Schatzkiste vergraben hatte, dann wäre sie vermutlich nicht in der Lage gewesen, viel tiefer zu graben. Warum sollte er es dann tun?

Andererseits hatte Kate Barlow bestimmt eine ganze Räuberbande gehabt, die ihr half.

»Wie wär's mit Frühstück?«

Stanley fuhr zusammen beim Klang von Zeros Stimme. Er hatte ihn nicht kommen gehört.

Zero reichte ihm eine Packung Corn Flakes. Stanley kippte sich vorsichtig ein paar in den Mund. Mit seinen dreckigen Händen wollte er nicht in die Packung greifen. Er verschluckte sich fast, so süß war das Zeug. Nachdem er über eine Woche von nichts als Zwiebeln gelebt hatte, hatte er Mühe, sich an den Geschmack der mit Zucker überzogenen Maisflocken zu gewöhnen. Er spülte sie mit einem Schluck Wasser hinunter.

Jetzt übernahm Zero das Graben. Stanley siebte den frischen Erdhaufen mit den Fingern durch für den Fall, dass er etwas übersehen hatte. Er wünschte, er hätte eine Taschenlampe. Schon ein Diamant von der Größe eines Kieselsteinchens wäre Tausende von Dollars wert. Und trotzdem würde er ihn wohl kaum entdecken.

Sie tranken das Wasser, das Zero am Hahn bei den Duschen geholt hatte. Stanley wollte gehen und die Gläser nachfüllen, aber Zero bestand darauf, es selbst zu tun. »Ich will dir ja nicht zu nahe treten, aber du machst mir zu viel Lärm beim Gehen. Du bist einfach zu groß.«

Stanley kletterte wieder in das Loch. Es wurde immer breiter und so brachen Teile der Oberfläche ein. Langsam ging ihnen der Platz aus. Wenn sie noch sehr viel weiter graben wollten, würden sie erst einmal einen Teil der oben aufgehäuften Erde wegschaffen müssen. Stanley überlegte, wie viel Zeit sie wohl noch hätten, bevor das Lager aufwachte.

»Wie sieht's aus?«, erkundigte sich Zero, als er mit dem Wasser zurückkam.

Stanley zuckte mit den Schultern. Er richtete die Schaufel gegen die Seitenwand und löste eine Erdschicht ab. Dabei fühlte er auf einmal, wie die Schaufel an etwas Hartem abprallte.

»Was war das?«, fragte Zero.

Stanley wusste es selbst nicht. Er fuhr mit der Schaufel an der Seitenwand des Lochs auf und ab. Erdbrocken lösten sich und zerfielen und der harte Gegenstand trat deutlicher hervor.

Er ragte aus der Seitenwand des Lochs, etwa anderthalb Fuß über dem Boden. Stanley konnte ihn mit den Händen fühlen.

»Was ist los?«, fragte Zero.

Stanley konnte nur eine Ecke fühlen. Alles andere war noch vergraben. Es fühlte sich kühl und glatt an, wie Metall. »Kann sein, dass ich die Schatzkiste gefunden habe«, sagte er. Seine Stimme klang eher verwundert als aufgeregt.

»Wirklich?«, fragte Zero.

»Ich glaub schon.«

Das Loch war jetzt so breit, dass er die Schaufel quer halten und so in die Seitenwand hineinstechen konnte. Er wusste, er musste jetzt sehr vorsichtig graben. Schließlich wollte er nicht, dass die Seitenwand einstürzte und der ganze große Erdhaufen von oben zurück ins Loch fiel.

Er kratzte so lange an der Wand, bis er eine Seite des Gegenstandes komplett freigelegt hatte. Er strich mit der Hand darüber. Dieses Ding war schätzungsweise an die acht Zoll hoch und etwa zwei Fuß breit. Wie weit es nach hinten in die Erde hineinreichte, konnte er nicht sagen. Er versuchte das Ding herauszuziehen, aber es rührte sich nicht.

Er fürchtete, dass die einzige Möglichkeit, es freizubekommen, die war, wieder von vorn zu beginnen und von oben her zu graben. Aber dazu fehlte ihnen die Zeit.

»Ich will mal versuchen, unten drunter zu graben«, sagte er. »Vielleicht kann ich das Ding dann nach unten ziehen und rausholen.«

»Probier's mal«, sagte Zero.

Stanley stieß die Schaufel in den unteren Rand seines Lochs und begann vorsichtig damit, unterhalb des metallenen Gegenstandes einen Tunnel zu graben. Er hoffte nur, dass das Loch nicht einstürzte. Von Zeit zu Zeit hörte er auf, bückte sich und fühlte mit der Hand nach dem Ende der Kiste. Doch selbst als der Tunnel so lang war wie sein Arm, konnte er nicht fühlen, wo sie aufhörte.

Wieder versuchte er die Kiste herauszuziehen, aber sie steckte ganz fest. Wenn er zu sehr zog, so fürchtete er, würde sein Loch einstürzen. Wenn es soweit war, dass er die Kiste herausziehen konnte, würde er es verteufelt schnell machen müssen, bevor die Erde darüber nachgab.

Als der Tunnel tiefer und breiter wurde – und die Gefahr, dass er einstürzte, immer größer –, konnte Stanley ein Schnappschloss an einem Ende der Kiste ertasten und dann einen Ledergriff. Es war anscheinend gar keine Kiste. »Ich glaube, es könnte so was wie ein Koffer aus Metall sein«, sagte er zu Zero.

»Und wenn du ihn mit der Schaufel losmachst?«, schlug Zero vor.

»Ich hab Angst, dass dann die Seitenwand einstürzt.«

»Probier's einfach«, sagte Zero.

Stanley trank einen Schluck Wasser. »Na ja, warum nicht.«

Er zwängte die Spitze der Schaufel zwischen Erd-

schicht und Deckel und versuchte den Koffer freizu-
hebeln. Er wünschte bloß, er könnte sehen, was er
machte.

Er bewegte das Ende der Schaufel hin und her, hoch
und runter, bis er fühlte, wie sich der Koffer löste. Im
nächsten Moment fiel Erde hinunter.

Es war aber kein größerer Einsturz. Als er sich ins
Loch kniete, war ihm klar, dass nur eine kleine Erdschicht eingebrochen war.

Er grub mit den Händen, bis er den ledernen Griff
fühlen konnte, dann zog er den Koffer aus der Erde
heraus. »Ich hab ihn!«, rief er.

Er war schwer. Stanley reichte ihn Zero nach oben.

»Du hast es wirklich geschafft!«, sagte Zero, als er ihm
den Koffer abnahm.

»*Wir* haben es geschafft«, sagte Stanley.

Er nahm alle Kraft zusammen, die ihm noch geblieben war, und versuchte sich hochzuziehen. Plötzlich
schien ihm ein grelles Licht ins Gesicht.

»Danke schön«, sagte die Chefin. »Ihr habt mir sehr
geholfen, Jungs.«

45

Der Strahl der Taschenlampe wanderte von Stanleys Augen zu Zero, der immer noch auf den Fersen hockte. Den Koffer hielt er auf den Knien.

Mr. Pendanski hielt die Lampe. Mr. Sir stand mit gezogener Pistole neben ihm und zielte in dieselbe Richtung. Barfuß und nur in der Schlafanzughose, ohne Hemd, stand er da.

Die Chefin bewegte sich auf Zero zu. Auch sie hatte ihr Nachtzeug an, ein extra langes T-Shirt. Im Unterschied zu Mr. Sir hatte sie jedoch ihre Stiefel an den Füßen.

Der Einzige, der vollständig angezogen war, war Mr. Pendanski. Vielleicht hatte er ja Wachdienst gehabt.

Von fern sah Stanley durch die Dunkelheit die Lichter von zwei weiteren Taschenlampen hüpfend auf sie zukommen. Er fühlte sich hilflos in seinem Loch.

»Also, Jungs, ihr seid gerade im richtigen –«, begann die Chefin. Plötzlich sagte sie nichts mehr und ging auch nicht mehr weiter. Dann machte sie langsam einige Schritte rückwärts.

Eine Eidechse war auf den Kofferdeckel gehuscht.

Ihre großen roten Augen leuchteten im Schein der Taschenlampe. Ihr Maul stand offen, und Stanley sah, wie die weiße Zunge immer wieder zwischen den schwarzen Zähnen hervorkam.

Zero saß so still wie eine Statue.

Eine zweite Eidechse kroch seitlich am Koffer hoch und verharrte weniger als einen Zoll von Zeros kleinem Finger entfernt.

Stanley hatte Angst hinzusehen und Angst nicht hinzusehen. Er überlegte, ob er versuchen sollte, aus seinem Loch zu klettern, bevor die Eidechsen sich an ihn heranmachten, aber er wollte auch keine Unruhe verursachen.

Die zweite Eidechse kroch Zero über den Finger und den halben Arm hoch.

Stanley fuhr es auf einmal durch den Kopf, dass die Eidechsen vermutlich schon auf dem Koffer waren, als er ihn Zero hochgereicht hatte.

»Da ist noch eine!«, keuchte Mr. Pendanski. Er leuchtete mit der Taschenlampe auf die Schachtel mit den Corn Flakes, die neben Stanleys Loch auf der Seite lag. Eine Eidechse kam herausgekrochen.

Das Licht fiel auch auf Stanleys Loch. Er warf einen Blick nach unten und konnte nur mit größter Mühe einen Schrei unterdrücken. Er stand in einem Eidechsennest. Er fühlte, wie der Schrei in seinem Inneren explodierte.

Sechs Eidechsen konnte er erkennen. Drei lagen am Boden, zwei waren auf seinem linken Bein und eine auf dem rechten Turnschuh.

Er versuchte, so still wie möglich zu stehen. Irgendetwas kroch an seinem Nacken hoch.

Inzwischen waren drei weitere Betreuer hinzugekommen. Stanley hörte, wie einer von ihnen sagte: »Was ist denn –«, und dann flüsterte: »O mein Gott!«

»Was sollen wir machen?«, fragte Mr. Pendanski.

»Wir warten«, sagte die Chefin. »Es wird nicht lange dauern.«

»Wenigstens haben wir dadurch eine Leiche, die wir dieser Frau geben können«, sagte Mr. Pendanski.

»Sie wird eine Menge Fragen stellen«, sagte Mr. Sir. »Und dieses Mal wird sie den A.G. mitbringen.«

»Soll sie ruhig fragen«, sagte die Chefin. »Wenn ich erst diesen Koffer habe, ist mir alles egal. Wissen Sie überhaupt, wie lange –« Sie wurde immer leiser, setzte dann aber noch einmal an. »Als ich klein war, habe ich meinen Eltern immer beim Graben zugesehen, an jedem Wochenende, an jedem Feiertag. Als ich dann größer wurde, musste ich selber graben. Sogar an Weihnachten.«

Stanley fühlte, wie winzige Klauen sich in sein Gesicht gruben, als die Eidechse sich von seinem Nacken zu seinem Kinn vorschob.

»Gleich ist es soweit«, sagte die Chefin.

Stanley konnte sein Herz schlagen hören. Jeder Schlag sagte ihm, dass er noch am Leben war, wenigstens noch eine Sekunde lang.

46

Fünfhundert Sekunden später schlug sein Herz immer noch.

Mr. Pendanski schrie auf. Die Eidechse, die in der Corn-Flakes-Schachtel gelegen hatte, machte einen Satz auf ihn zu.

Mr. Sir erschoss sie in der Luft.

Stanley fühlte, wie der Schuss die Luft zerriss. Die Eidechsen flitzten aufgeregt über seinen reglosen Körper. Er zuckte nicht mit der Wimper. Eines der Tiere huschte über seinen geschlossenen Mund.

Er warf einen Blick zu Zero hinüber und ihre Augen trafen sich. Auf irgendeine Weise waren sie immer noch am Leben, wenigstens noch diese Sekunde, diesen Herzschlag lang.

Mr. Sir zündete sich eine Zigarette an.

»Ich dachte, du hättest aufgehört«, sagte einer der anderen Betreuer.

»Tja, manchmal bringen's Sonnenblumenkerne einfach nicht.« Er tat einen langen Zug aus seiner Zigarette. »Für den Rest meines Lebens werde ich Alpträume haben.«

»Vielleicht sollten wir sie einfach erschießen«, schlug Mr. Pendanski vor.

»Wen?«, fragte ein Betreuer. »Die Eidechsen oder die Jungs?«

Mr. Pendanski lachte bitter. »Die Jungs sterben sowieso.« Er lachte noch einmal. »Wenigstens haben wir eine Menge Gräber zur Auswahl.«

»Wir haben Zeit«, sagte die Chefin. »Ich habe so lange gewartet, da kann ich gut noch ein bisschen länger –« Der Rest des Satzes war nicht mehr zu verstehen.

Stanley fühlte, wie eine Eidechse in eine seiner Taschen kroch und wieder herauskam.

»Wir müssen uns eine möglichst einfache Geschichte zurechtlegen«, sagte die Chefin. »Diese Frau wird eine Menge Fragen stellen. Der A.G. wird vermutlich Ermittlungen einleiten. Ich sag euch jetzt, was passiert ist: Stanley hat nachts versucht wegzulaufen, ist in ein Loch gefallen und die Eidechsen haben ihn gekriegt. Das ist alles. Zeros Leiche geben wir ihnen erst gar nicht. Zero existiert einfach nicht, wir hier wissen jedenfalls von nichts. Wie Mom schon gesagt hat – wir haben ja genügend Gräber zur Auswahl.«

»Aber wieso sollte er weglaufen, wenn er doch wusste, dass er heute entlassen werden sollte?«, fragte Mr. Pendanski.

»Was weiß ich? Er spinnt eben. Deswegen konnten wir ihn gestern nicht freilassen. Er hatte Fieber und phantasierte, wir mussten ihn beobachten, damit er sich selbst oder anderen nichts antut.«

»Das wird ihr aber nicht gefallen«, meinte Mr. Pendanski.

»Der wird gar nichts gefallen, egal was wir ihr erzählen«, antwortete die Chefin. Sie starrte Zero und den Koffer an. »Warum bist du noch nicht tot?«, fragte sie.

Stanley hörte nur mit halbem Ohr auf das, was die Betreuer redeten. Er hatte keine Ahnung, wer diese Frau oder der A.G. sein sollten. Er wusste nicht einmal, dass das eine Abkürzung war. Er hielt es für ein Wort, das er nicht kannte. Außerdem war er viel zu sehr mit den winzigen Klauen beschäftigt, die auf seiner Haut und in seinen Haaren auf- und abliefen.

Er versuchte, an etwas anderes zu denken. So wollte er nicht sterben; die Chefin, Mr. Sir und die Eidechsen sollten nicht die letzten Bilder sein, die sich in seinen Kopf eingruben. Stattdessen versuchte er sich das Gesicht seiner Mutter vorzustellen.

Erinnerungen erwachten in ihm an eine Zeit, als er noch ganz klein war, eingemummelt in einen Schneeanzug. Seine Mutter und er liefen Hand in Hand, Handschuh in Handschuh, rutschten auf Glatteis aus und kullerten einen schneebedeckten Hang hinunter, bis ganz unten. Er erinnerte sich noch, wie er fast geweint hätte, dann aber lachte. Auch seine Mutter lachte.

Sein Kopf fühlte sich wieder genauso federleicht an

wie damals, als sie den Hang hinuntergerollt waren und ihm so schwindlig war. Er fühlte wieder die beißende Kälte des Schnees an seinen Ohren. Er sah Schnee auf dem fröhlichen, strahlenden Gesicht seiner Mutter.

So sollte es sein, wenn er starb.

»He, Höhlenmensch, weißt du was?«, sagte Mr. Sir. »Du warst tatsächlich unschuldig. Ich dachte, das könnte dich noch interessieren. Deine Anwältin war gestern hier, um dich zu holen. Zu dumm, dass du nicht da warst.«

Stanley befand sich immer noch im Schnee und die Worte des Betreuers bedeuteten ihm nichts. Zusammen mit seiner Mutter stieg er den Hügel wieder hinauf und rollte noch einmal hinunter, dieses Mal mit Absicht. Später tranken sie heißen Kakao mit Bergen von geschmolzenen Marshmallows.

»Es ist gleich halb fünf«, sagte Mr. Pendanski. »Sie werden langsam aufwachen.«

Die Chefin schickte die Betreuer zu den Zelten zurück. Sie sollten zusehen, dass die Jungen ihr Frühstück bekamen, und aufpassen, dass sie mit niemandem sprachen. Solange sie taten, was man ihnen sagte, bräuchten sie auch keine Löcher mehr zu graben. Jeder, der redete, würde hart bestraft werden.

»Und was sollen wir ihnen sagen, wie sie bestraft werden?«, wollte einer der Betreuer wissen.

»Sie sollen ruhig ihre Phantasie benutzen«, sagte die Chefin.

Stanley sah den Betreuern nach, die zu den Zelten zurückgingen. Nur die Chefin und Mr. Sir blieben bei ihnen zurück. Er wusste, dass es der Chefin egal war, ob jetzt noch Löcher gegraben würden oder nicht. Sie hatte gefunden, wonach sie gesucht hatte.

Er warf einen Blick zu Zero hinüber. Eine Eidechse hockte auf seiner Schulter.

Zero blieb ganz still sitzen und bewegte sich nicht, bis auf die rechte Hand, die er langsam zur Faust formte. Dann reckte er den Daumen hoch, um Stanley ein Zeichen zu geben.

Stanley musste an das denken, was Mr. Sir vorher zu ihm gesagt hatte, und an die Bruchstücke der Unterhaltung, die er aufgeschnappt hatte. Er versuchte sich zusammenzureimen, worum es eigentlich ging. Mr. Sir hatte irgendetwas von einer Anwältin gesagt, aber Stanley wusste, dass seine Eltern sich keinen Anwalt leisten konnten.

Die Beine taten ihm weh vom vielen Stillstehen. Stillstehen war anstrengender als laufen. Langsam lehnte er sich gegen die Seitenwand seines Lochs.

Den Eidechsen schien das egal zu sein.

47

Die Sonne war aufgegangen und Stanleys Herz schlug immer noch. Acht Eidechsen waren mit ihm im Loch. Jede von ihnen hatte exakt elf gelbe Flecken.

Die Chefin hatte dunkle Ringe unter den Augen vom Schlafmangel und auf ihrer Stirn und im übrigen Gesicht zeigten sich tiefe Falten im hellen Morgenlicht. Die Haut wirkte fleckig.

»Satan«, sagte Zero.

Stanley sah ihn an, unsicher, ob Zero tatsächlich gesprochen hatte oder ob er sich das nur einbildete.

»Warum versuchen Sie nicht, Zero den Koffer wegzunehmen?«, schlug die Chefin vor.

»Gute Idee«, sagte Mr. Sir.

»Die Eidechsen sind anscheinend nicht hungrig«, sagte die Chefin.

»Dann gehen *Sie* doch hin und holen sich den Koffer!«, sagte Mr. Sir.

Sie warteten.

»Satan!«, sagte Zero noch einmal.

Irgendwann später sah Stanley eine Tarantel über den

Boden kriechen, nicht sehr weit von seinem Loch entfernt. Er hatte noch nie eine Tarantel gesehen, aber er hatte keinen Zweifel daran, dass es eine war. Es faszinierte ihn sogar einen Moment lang zuzusehen, wie ihr großer, haariger Körper sich langsam und stetig vorwärts bewegte.

»Sehen Sie mal, eine Tarantel«, sagte Mr. Sir ebenso fasziniert.

»Ich habe noch nie eine gesehen«, sagte die Chefin. »Außer in −«

Plötzlich spürte Stanley seitlich am Hals einen heftigen Stich.

Aber die Eidechse hatte ihn nicht gebissen. Sie stieß sich nur ab.

Sie sprang von Stanleys Hals und stürzte sich auf die Tarantel. Das Letzte, was Stanley von ihr sah, war ein haariges Bein, das aus dem Maul der Eidechse herausragte.

»Nein, die sind nicht hungrig − oder wie war das?«, sagte Mr. Sir.

Stanley versuchte, in den Schnee zurückzukehren, aber jetzt, wo die Sonne am Himmel stand, war es schwerer, dorthin zu gelangen.

Die Sonne stieg höher und die Eidechsen verzogen sich tiefer in das Loch und hielten sich meistens im Schatten auf. Jetzt saßen sie nicht mehr auf Stanleys Kopf und

Schultern, sondern waren hinuntergewandert auf seinen Bauch, seine Beine, seine Füße.

An Zero konnte er keine Echsen entdecken, er glaubte aber, dass zwei bei ihm sein müssten, zwischen Zeros Knien, im Schatten des Koffers.

»Wie geht es dir?«, fragte Stanley ruhig. Er flüsterte nicht, aber seine Stimme war trocken und krächzend.

»Meine Beine sind eingeschlafen«, sagte Zero.

»Ich versuch jetzt mal, hier rauszuklettern«, sagte Stanley.

Als er versuchte, sich nur mit der Kraft seiner Arme hochzuziehen, fühlte er, wie eine Klaue sich in seinen Knöchel grub. Vorsichtig ließ er sich wieder hinunter.

»Ist dein Nachname wie dein Vorname, nur umgekehrt?«, fragte Zero.

Stanley starrte ihn verwirrt an. Hatte er die ganze Nacht lang darüber nachgedacht?

Er hörte das Geräusch von sich nähernden Autos.

Auch Mr. Sir und die Chefin hatten es gehört.

»Glauben Sie, dass sie das sind?«, fragte die Chefin.

»Pfadfinderinnen, die Kekse verkaufen wollen, werden es wohl kaum sein«, sagte Mr. Sir.

Er hörte, wie die Autos anhielten, wie Türen geöffnet und wieder zugeschlagen wurden. Kurz darauf sah er Mr. Pendanski und zwei Fremde über den See kommen. Der eine war ein hoch gewachsener Mann im dunklen Anzug und mit einem Cowboyhut. Neben ihm ging eine kleine Frau mit einer Aktentasche. Die Frau brauchte immer drei Schritte, wenn der Mann nur zwei machte. »Stanley Yelnats?«, rief sie und überholte die anderen.

»Ich rate Ihnen, nicht näher zu kommen«, sagte Mr. Sir.

»Sie können mich nicht aufhalten«, fuhr sie ihn an und betrachtete ihn, wie er dastand in seinen Schlafanzughosen. »Wir holen dich hier raus, Stanley«, sagte sie. »Mach dir keine Sorgen.« Sie schien hispanischer Herkunft zu sein, mit ihrem glatten, schwarzen Haar und den dunklen Augen. Sie hatte einen leichten mexikanischen Akzent – sie rollte das R.

»Was zum Teufel geht hier vor?«, rief der Mann, als er sie eingeholt hatte.

Die Frau wandte sich ihm zu. »Das sage ich Ihnen – wenn diesem Jungen irgendetwas zustößt, dann werden wir nicht nur Ms. Walker und Camp Green Lake verklagen, sondern auch den ganzen Staat Texas. Kindesmisshandlung. Widerrechtliche Inhaftierung. Folter.«

Der Mann war mehr als einen Kopf größer als die Frau und konnte über sie hinwegsehen, als er mit der Chefin sprach.

»Seit wann sind die beiden da drin?«

»Die ganze Nacht. Das sehen Sie doch daran, wie wir

271

angezogen sind. Sie haben sich in meine Hütte geschlichen, als ich schlief, und mir meinen Koffer gestohlen. Ich habe sie verfolgt und sie sind auf den See gerannt und in ein Eidechsennest gefallen. Keine Ahnung, was sie sich dabei gedacht haben.«

»Das ist nicht wahr!«, sagte Stanley.

»Stanley, als deine Anwältin rate ich dir, kein Wort mehr zu sagen«, sagte die Frau, »bis du und ich Gelegenheit gehabt haben, uns unter vier Augen zu unterhalten.«

Stanley fragte sich, wieso die Chefin wohl diese Lügengeschichte mit dem Koffer erzählte. Er fragte sich, wem der Koffer wohl rein rechtlich gehörte. Das würde er gern seine Anwältin fragen, falls sie tatsächlich seine Anwältin war.

»Es ist ein Wunder, dass sie noch leben«, sagte der große Mann.

»Ja, das ist es wirklich«, antwortete die Chefin mit einer Spur von Enttäuschung in der Stimme.

»Und es wäre auch besser, wenn sie lebend hier rauskommen«, warnte Stanleys Anwältin. »Wenn Sie ihn mir gestern übergeben hätten, wäre das alles nicht passiert.«

»Es wäre nicht passiert, wenn er kein Dieb wäre«, sagte die Chefin. »Ich habe ihm gesagt, dass er heute freigelassen würde, und ich vermute, dass er daraufhin beschlossen hat, ein paar von meinen Wertgegenständen mitgehen zu lassen. Er hat die ganze letzte Woche Fieber gehabt und phantasiert.«

»Warum haben Sie ihn nicht freigelassen, als die Anwältin gestern zu Ihnen kam?«, fragte der Mann.

»Sie konnte mir nicht die richtigen Dokumente vorlegen«, sagte die Chefin.

»Ich hatte einen richterlichen Befehl!«

»Er war nicht beglaubigt«, sagte die Chefin.

»Beglaubigt? Er war vom selben Richter unterzeichnet, der den Jungen auch verurteilt hat.«

»Ich brauche eine Beglaubigung vom Attorney General«, sagte die Chefin. »Ohne ein Schreiben des Staatsanwalts – wie soll ich da wissen, dass das Papier echt ist? Die Jungen in meinem Gewahrsam stellen erwiesenermaßen eine Gefahr für die Gesellschaft dar. Soll ich sie einfach laufen lassen, nur weil irgendwer mir ein Stück Papier in die Hand drückt?«

»Ja«, sagte die Frau. »Wenn es sich um einen richterlichen Befehl handelt, ja.«

»Stanley lag seit mehreren Tagen auf der Krankenstation«, erklärte die Chefin. »Er litt an Halluzinationen. Er schrie und tobte. Er war absolut nicht in der Verfassung, das Camp zu verlassen. Die Tatsache, dass er noch am Tag vor seiner Freilassung versucht, mich zu bestehlen, beweist doch –«

Stanley versuchte aus seinem Loch zu klettern. Er benutzte fast nur die Arme dazu, um die Echsen so

273

wenig wie möglich zu stören. Als er sich hochstemmte, verzogen sich die Tiere weiter in die Tiefe, um den direkten Strahlen der Sonne auszuweichen. Stanley zog die Beine an und schwang sich über den Rand, und die letzte der Echsen sprang von ihm herunter.

»Gott sei Dank!«, rief die Chefin aus. Sie ging auf ihn zu, blieb aber gleich wieder stehen.

Eine Eidechse kroch aus der Hosentasche und an Stanleys Bein hinunter.

Stanley wurde es plötzlich schwindlig und er wäre fast umgekippt. Er konnte sich aber noch halten, bückte sich, packte Zero beim Arm und half ihm langsam auf die Beine. Zero hielt den Koffer noch immer fest.

Die Eidechsen, die sich darunter versteckt hatten, huschten schnell in das Loch.

Stanley und Zero stolperten davon. Die Chefin rannte auf sie zu. Sie umarmte Zero. »Gott sei Dank, dass du am Leben bist«, sagte sie und versuchte ihm den Koffer wegzunehmen.

Er riss ihn ihr aus der Hand. »Er gehört Stanley«, sagte er.

»Mach jetzt bitte nicht noch mehr Ärger«, warnte ihn die Chefin. »Ihr habt mir den Koffer aus der Hütte gestohlen und ich habe euch auf frischer Tat ertappt. Wenn ich auf einer Anzeige bestehe, kann es sein, dass Stanley wieder ins Gefängnis muss. Aber in Anbetracht der Umstände bin ich bereit –«

»Sein Name steht aber drauf«, sagte Zero.

Stanleys Anwältin schob den großen Mann beiseite, um einen Blick auf den Koffer werfen zu können.

»Sehen Sie«, sagte Zero, »Stanley Yelnats.«

Auch Stanley schaute auf den Koffer. In großen schwarzen Buchstaben stand es da: STANLEY YELNATS.

Der große Mann blickte über die Köpfe der anderen hinweg auf den Namen auf dem Koffer. »Hatten Sie nicht gesagt, der Junge hätte Ihnen den Koffer aus der Hütte gestohlen?«

Die Chefin starrte ihn ungläubig an. »Aber das ist un..., das ist unmög... Es ist einfach unmög...« Sie brachte das Wort nicht heraus.

48

Langsam gingen sie zum Camp zurück. Der hoch gewachsene Mann war niemand anders als der Attorney General von Texas, der höchste Justizbeamte des Staates. Stanleys Anwältin hieß Ms. Morengo.

Stanley trug den Koffer. Er war so müde, dass er nicht mehr klar denken konnte. Es kam ihm so vor, als würde er im Traum laufen, und er verstand gar nicht richtig, was eigentlich um ihn herum geschah.

Vor dem Büro blieben sie stehen. Mr. Sir ging hinein, um Stanleys Sachen zu holen. Der Attorney General schickte Mr. Pendanski los, um etwas zu essen und zu trinken für die Jungen zu besorgen.

Die Chefin schien genauso benommen wie Stanley. »Du kannst doch gar nicht lesen«, sagte sie zu Zero.

Zero schwieg.

Ms. Morengo legte Stanley eine Hand auf die Schulter und sagte, er müsse nur noch ein bisschen Geduld haben, bald würde er seine Eltern wieder sehen. Sie war kleiner als Stanley, aber gleichzeitig wirkte sie irgendwie groß.

Mr. Pendanski kehrte mit zwei Packungen Orangensaft und zwei Bagels zurück. Stanley trank den Saft, aber essen mochte er nichts.

»Moment mal!«, rief die Chefin auf einmal aus. »Ich habe nicht gesagt, dass sie den Koffer gestohlen haben. Natürlich ist das sein Koffer, aber er hat *meine* Sachen aus *meiner* Hütte hineingetan.«

»Das ist aber nicht das, was Sie vorhin gesagt haben«, erklärte die Anwältin.

»Was ist in dem Koffer?«, fragte die Chefin Stanley. »Sag uns, was drin ist, dann machen wir ihn auf und sehen nach.«

Stanley wusste nicht, was er tun sollte.

»Stanley, als deine Anwältin rate ich dir, den Koffer nicht aufzumachen«, sagte Ms. Morengo.

»Er muss ihn aufmachen!«, sagte die Chefin. »Ich habe das Recht, die persönlichen Gegenstände jedes unserer Insassen zu untersuchen. Wie soll ich sonst wissen, ob sie nicht Drogen oder Waffen mitgebracht haben? Er hat auch ein Auto gestohlen! Dafür habe ich Zeugen!« Jetzt war sie beinahe hysterisch.

»Er ist nicht länger in Ihrem Gewahrsam«, erklärte Stanleys Anwältin.

»Er ist nicht offiziell entlassen worden«, widersprach die Chefin. »Stanley, mach den Koffer auf!«

Stanley rührte sich nicht.

In diesem Moment kam Mr. Sir mit Stanleys Kleidung und dem Rucksack aus dem Büro.

Der Attorney General reichte Ms. Morengo ein Papier. »Du bist ein freier Mensch, Stanley, du darfst gehen«, sagte er. »Ich weiß, du hast es eilig hier rauszukommen, deswegen kannst du diesen Overall ruhig als Souvenir behalten. Oder ihn verbrennen, wie du willst. Alles Gute, Stanley.«

Er streckte Stanley die Hand hin, aber Ms. Morengo zog Stanley mit sich. »Komm, Stanley«, sagte sie, »wir haben viel zu bereden.«

Stanley blieb stehen und drehte sich zu Zero um. Er konnte ihn nicht einfach zurücklassen.

Zero reckte den Daumen hoch.

»Ich kann Hector nicht hierlassen«, sagte er.

»Ich schlage vor, wir gehen jetzt«, sagte seine Anwältin mit drängender Stimme.

»Ich komm schon klar«, sagte Zero. Sein Blick wanderte erst zu Mr. Pendanski, der rechts von ihm stand, und dann zur Chefin und zu Mr. Sir, die links von ihm standen.

»Ich kann für deinen Freund nichts tun«, sagte Ms. Morengo. »Du bist aufgrund eines richterlichen Befehls freigelassen worden.«

»Sie werden ihn umbringen«, sagte Stanley.

»Dein Freund ist nicht in Gefahr«, sagte der Attorney General. »Es wird eine gerichtliche Untersuchung geben zu allem, was hier vorgefallen ist. Fürs erste untersteht das Lager meiner Aufsicht.«

»Komm jetzt, Stanley«, sagte die Anwältin, »deine Eltern warten.«

Stanley blieb, wo er war.

Die Anwältin seufzte. »Dürfte ich einen Blick in Hectors Akte werfen?«, fragte sie.

»Selbstverständlich«, antwortete der Attorney General. »Ms. Walker, bringen Sie mir Hectors Akte.«

Sie starrte ihn ausdruckslos an.

»Nun?«

Die Chefin wandte sich an Mr. Pendanski. »Bringen Sie mir Hector Zeronis Akte.«

Er starrte sie an.

»Nun machen Sie schon!«, befahl sie.

Mr. Pendanski ging ins Büro. Nach wenigen Minuten kam er zurück und erklärte, dass die Akte offensichtlich verlegt worden sei.

Der Attorney General war außer sich. »Was für eine Anstalt betreiben Sie hier eigentlich, Ms. Walker?«

Die Chefin schwieg. Sie starrte auf den Koffer.

Der Attorney General versicherte Stanleys Anwältin, dass er sich die Unterlagen besorgen würde. »Entschuldigen Sie mich einen Moment, ich will nur mein Büro anrufen.« Dann wandte er sich an die Chefin. »Ich hoffe, dass wenigstens Ihr Telefon funktioniert!« Er ging ins Büro und knallte die Tür hinter sich zu. Kurze Zeit später erschien er wieder und sagte der Chefin, er wolle sie sprechen.

Sie fluchte, ging aber hinein.

Stanley blickte zu Zero hinüber und reckte den Daumen hoch.

»Höhlenmensch? Bist du das?«

Er drehte sich um und sah Deo und Torpedo aus dem Aufenthaltsraum kommen. Torpedo brüllte hinter sich: »Der Höhlenmensch und Zero sind hier draußen!«

Im nächsten Moment umringten alle Jungen der Gruppe D Stanley und Zero.

»Schön, dich wiederzusehen, Mann«, sagte Deo und schüttelte Stanley die Hand. »Wir dachten schon, die Geier hätten dich gefressen.«

»Stanley wird heute entlassen«, sagte Mr. Pendanski.

»Tolle Leistung!«, sagte Magnet und schlug ihm auf die Schulter.

»Und du musstest nicht mal auf eine Klapperschlange treten«, sagte Torpedo.

Sogar Zickzack schüttelte Stanley die Hand. »Tut mir Leid, das mit … du weißt schon.«

»Kein Problem«, sagte Stanley.

»Wir mussten den Pick-up aus dem Loch rausholen«, erzählte Zickzack. »Alle Jungs aus C, D und E mussten anfassen. Wir haben ihn regelrecht hochgehoben.«

»Das war stark«, sagte Zapp.

Der Einzige, der nicht rüberkam, war X-Ray. Stanley sah ihn kurz hinter den anderen, bevor er in den Aufenthaltsraum zurückkehrte.

»Weißt du was?«, sagte Magnet und warf einen Seitenblick auf Mr. Pendanski. »Mom hat gesagt, wir müssen keine Löcher mehr graben.«

»Toll«, sagte Stanley.

»Kannst du mir einen Gefallen tun?«, fragte Torpedo.

»Möglich«, antwortete Stanley etwas zögerlich.

»Ich hätte gern, wenn du –« Er wandte sich an Ms. Morengo. »He, meine Dame, könnten Sie mir vielleicht ein Stück Papier und 'nen Stift leihen?«

Sie gab ihm beides und er schrieb eine Telefonnummer auf, bevor er Stanley den Zettel gab. »Ruf meine Mom für mich an, okay? … Sag ihr, dass es mir Leid tut. Sag ihr, Alan hat gesagt, es tut ihm Leid.«

Stanley versprach es.

»Pass bloß auf dich auf da draußen in der richtigen Welt«, meinte Deo. »Nicht alle Leute sind so nett wie wir hier.«

Stanley grinste.

Die Jungen zogen sich zurück, als die Chefin wieder aus dem Büro kam. Der Attorney General ging unmittelbar hinter ihr.

»Mein Büro hat gewisse Schwierigkeiten damit, Daten über Hector Zeroni ausfindig zu machen«, sagte er.

»Heißt das, dass Sie sich in seinem Fall für nicht zuständig erklären?«, fragte Ms. Morengo.

»Das habe ich nicht gesagt. Er ist im Computer gespeichert. Wir kommen nur nicht an seine Daten heran.

Es ist, als ob er durch ein Loch im Cyberspace gefallen wäre.«

»Ein Loch im Cyberspace«, wiederholte Ms. Morengo. »Wie interessant. Wann soll er entlassen werden?«

»Ich weiß es nicht.«

»Seit wann ist er hier?«

»Wie ich schon sagte, ich –«

»Und was haben Sie jetzt mit ihm vor? Wollen Sie ihn für alle Ewigkeit hier einsperren, ohne jede Begründung, während Sie selbst durch schwarze Löcher im Cyberspace kriechen?«

Der Attorney General starrte sie an. »Es gab ja offensichtlich einen Grund, weswegen er hierher gebracht wurde.«

»Ach ja? Und was für ein Grund war das?«

Der Attorney General schwieg.

Stanleys Anwältin nahm Zero bei der Hand. »Komm, Hector, du gehst mit uns.«

49

Nie hatte es in der Stadt Green Lake gelb gefleckte Eidechsen gegeben. Sie waren erst in der Gegend aufgetaucht, nachdem der See ausgetrocknet war. Aber die Bevölkerung hatte gehört von diesen rotäugigen Monstern, die draußen in den Wüstenbergen lebten.

Eines Nachmittags kehrten Sam, der Zwiebelverkäufer, und sein Esel Mary Lou zu ihrem Boot zurück, das festgebunden nahe am Ufer lag. Es war schon spät im November und die Pfirsichbäume hatten die meisten Blätter abgeworfen.

»Sam!«, rief da jemand.

Er wandte sich um und sah drei Männer, die hinter ihm herrannten und ihre Hüte schwenkten. Er wartete. »Guten Tag, Walter, Bo, Jesse«, grüßte er, als sie atemlos bei ihm ankamen.

»Was für ein Glück, dass wir dich noch erwischt haben«, sagte Bo. »Wir gehen nämlich morgen früh auf Klapperschlangenjagd.«

»Und deswegen brauchen wir was von deinem Eidechsensaft«, fügte Walter hinzu.

»Ich hab ja vor keiner Klapperschlange Angst«, sagte

Jesse, »aber einem dieser rotäugigen Monster möchte ich lieber nicht begegnen. Einmal hab ich eins gesehen, das hat mir gereicht. Von den roten Augen hatte ich ja schon gehört, klar, aber dass sie so große schwarze Zähne haben, das wusste ich vorher nicht.«

»Also ich finde die weiße Zunge am grässlichsten«, meinte Bo.

Sam gab jedem der Männer zwei Flaschen reinen Zwiebelsaft. Er erklärte ihnen, dass sie eine Flasche vor dem Schlafengehen trinken müssten, eine halbe Flasche beim Aufstehen und eine halbe Flasche um die Mittagszeit.

»Und du bist sicher, dass das Zeug hilft?«, fragte Walter.

»Ich will dir was sagen«, antwortete Sam. »Wenn es nicht hilft, könnt ihr nächste Woche wiederkommen und ich gebe euch euer Geld zurück.«

Walter blickte sich unsicher um, als Bo und Jesse lachten. Auch Sam lachte und sogar Mary Lou ließ eines ihrer seltenen I-Aahs ertönen.

»Aber nicht vergessen«, ermahnte Sam die Männer, bevor sie gingen. »Es ist ganz wichtig, dass ihr heute Nacht noch eine Flasche leer trinkt. Das Zeug muss ins Blut kommen. Eidechsen mögen kein Zwiebelblut.«

Stanley und Zero saßen auf der Rückbank von Ms. Morengos BMW. Der Koffer lag zwischen ihnen. Er war verschlossen, und sie hatten entschieden, dass Stanleys Vater versuchen sollte, ihn in seiner Werkstatt zu öffnen.

»Und ihr wisst wirklich nicht, was da drin ist?«, fragte Ms. Morengo.

»Nein«, sagte Stanley.

»Das hätte ich nicht gedacht.«

Die Klimaanlage war angeschaltet, aber trotzdem fuhren sie mit geöffneten Fenstern, denn wie hatte Ms. Morengo sich ausgedrückt? »Ich will euch ja nicht beleidigen, Jungs, aber ihr stinkt wirklich erbärmlich.«

Ms. Morengo erklärte ihnen, dass sie Patentanwältin sei. »Ich helfe deinem Vater mit dem neuen Produkt, das er erfunden hat. Dabei hat er am Rande erwähnt, was mit dir war, und da hab ich mal so ein bisschen ermittelt. Clyde Livingstons Turnschuhe wurden irgendwann vor viertel nach drei gestohlen. Ich habe einen jungen Mann aufgetrieben, Derrick Dunne, der mir gesagt hat, dass du um zwanzig nach drei noch dabei warst, dein Hausaufgabenheft aus dem Klo zu fischen. Und zwei Mädchen haben sich daran erinnert, dass sie dich gesehen haben, wie du mit einem nassen Heft aus der Jungentoilette gekommen bist.«

Stanley fühlte, wie er bis zu den Ohren rot wurde. Selbst nach allem, was er durchgemacht hatte, war ihm die Erinnerung an diese Sache immer noch peinlich.

»Das heißt aber, du kannst die Turnschuhe gar nicht gestohlen haben«, sagte Ms. Morengo.

»Hat er auch nicht. Ich war das«, sagte Zero.

»Was warst du?«, fragte Ms. Morengo.

»Ich hab die Turnschuhe geklaut.«

Die Anwältin sah sich im Fahren um und sah ihm ins Gesicht. »Das habe ich nicht gehört«, sagte sie. »Und ich rate dir, dafür zu sorgen, dass ich es nicht noch einmal höre.«

»Was hat mein Vater denn erfunden?«, fragte Stanley. »Hat er tatsächlich eine Methode für das Recycling von Turnschuhen entdeckt?«

»Nein, daran arbeitet er noch«, sagte Ms. Morengo. »Aber er hat ein Produkt gegen Fußschweiß erfunden. Hier, ich hab ein Muster in meiner Tasche. Ich wünschte, ich hätte mehr davon. Euch zwei sollte man darin baden.«

Sie öffnete mit einer Hand ihren Aktenkoffer und reichte Stanley eine kleine Flasche nach hinten. Die Flüssigkeit roch frisch und würzig. Er reichte Zero die Flasche.

»Wie heißt das Zeug?«, fragte Stanley.

»Einen Namen haben wir noch nicht gefunden«, sagte Ms. Morengo.

»Der Geruch kommt mir irgendwie bekannt vor«, sagte Zero.

»Riecht nach Pfirsich, stimmt's?«, fragte Ms. Morengo. »Das sagt jeder.«

Bald darauf schliefen beide Jungen ein. Der Himmel

hinter ihnen hatte sich verdunkelt und zum ersten Mal in über hundert Jahren fiel ein Tropfen Regen in den leeren See.

TEIL DREI

Löcher werden gefüllt

50

Stanleys Mutter beharrt darauf, dass es nie einen Fluch gegeben hat. Sie bezweifelt sogar, dass Stanleys Urur-großvater tatsächlich einmal ein Schwein gestohlen haben soll. Aber der Leser mag es vielleicht interessant finden, dass Stanleys Vater sein Mittel gegen Fußgeruch an dem Tag erfunden hat, an dem der Ururenkel von Elya Yelnats den Urururenkel von Madame Zeroni auf den Berg getragen hat.

Der Attorney General schloss Camp Green Lake. Ms. Walker, die verzweifelt Geld brauchte, musste das Land verkaufen, das seit Generationen im Besitz ihrer Familie gewesen war. Es wurde von einer Organisation gekauft, die sich dem Wohlergehen junger Mädchen widmete. In einigen Jahren würde Camp Green Lake ein Feriencamp für Pfadfinderinnen sein.

Und damit ist die Geschichte auch so ziemlich am Ende. Der Leser hat vermutlich noch einige Fragen, doch leider ist es so, dass von hier an alle Antworten lang und mühsam werden. Während Mrs. Bell, Stanleys frühere Mathelehrerin, vielleicht gern wüsste, um wie viel Prozent sich Stanleys Gewicht verändert hat, interessiert sich der Leser vermutlich viel mehr für die Veränderungen in Stanleys Persönlichkeit und seinem Selbstvertrauen. Aber solche Veränderungen sind subtil und schwer zu bemessen.

Selbst die Sache mit dem Koffer und seinem Inhalt erwies sich als eher mühsam. Stanleys Vater knackte die Schlösser in seiner Werkstatt, und zunächst schnappten alle nach Luft, als sie die funkelnden Juwelen sahen. Stanley glaubte schon, er und Hector seien Millionäre geworden. Doch dann stellte es sich heraus, dass der Schmuck von geringer Qualität war. Alles in allem betrug der Wert gerade mal zwanzigtausend Dollar.

Unter dem Schmuck lag eine Schicht Wertpapiere, die einmal dem ersten Stanley Yelnats gehört hatten. Es waren Aktien, Hypothekenbriefe und Schuldverschreibungen. Sie waren kaum zu lesen und noch schwerer zu verstehen. Die Anwaltskanzlei von Ms. Morengo war über zwei Monate damit beschäftigt, den ganzen Stapel durchzugehen.

Es zeigte sich, dass die Papiere viel mehr wert waren als der Schmuck. Nach Abzug von Steuern und Gebühren erhielten Stanley und Zero jeder weniger als eine Million Dollar.

Aber nicht viel weniger.

Es reichte aus, dass Stanley für seine Familie ein

neues Haus mit einem Labor im Erdgeschoss kaufen und Hector eine Detektei beauftragen konnte.

Aber wenn man jetzt in allen Einzelheiten die Veränderungen im Leben der Jungen durchgehen wollte, würde es schnell langweilig. Stattdessen soll der Leser noch an einer letzten Szene teilhaben, die sich etwa anderthalb Jahre nach Stanleys und Hectors Freilassung abspielte.

Die Löcher dazwischen wird er selbst füllen müssen.

Im Hause der Yelnats fand eine kleine Party statt. Außer Stanley und Hector waren nur Erwachsene anwesend. Auf einem Buffet waren alle möglichen Häppchen und Getränke aufgebaut, darunter auch Kaviar und Champagner sowie sämtliche Zutaten für Eisbecher.

Im Fernsehen wurde das Endspiel um die Super Bowl übertragen, aber es schaute kaum jemand hin.

»Im nächsten Werbeblock müsste es eigentlich kommen«, verkündete Ms. Morengo.

Gleich darauf wurde ein Time-out angesagt und auf dem Bildschirm erschien ein Werbespot.

Alles hörte auf zu reden und sah zu.

Der Spot zeigte ein Baseballspiel. Eingehüllt in eine Staubwolke erreichte Clyde Livingston die Home Plate, während der Fänger den Ball fing und zurückzuwerfen versuchte.

»Safe!«, rief der Schiedsrichter und schwenkte die Arme.

Die Leute in Stanleys Haus jubelten, als ob es sich um einen echten Lauf gehandelt hätte.

Clyde Livingston stand auf und bürstete sich mit der Hand den Staub vom Trikot. Während er zur Auswechselbank zurückging, sagte er zur Kamera hinüber: »Hi, ich bin Clyde Livingston, aber hier nennen mich alle nur Sweet Feet.«

»Starke Leistung, Sweet Feet!«, sagte ein anderer Baseballspieler und schlug ihm auf die Schulter.

Clyde Livingston war nicht nur auf der Mattscheibe zu sehen, er saß auch neben Stanley auf dem Sofa.

»Es war allerdings nicht immer so, dass der Name zu meinen Füßen gepasst hätte«, sagte der Fernseh-Clyde, als er auf der Bank Platz nahm. »Im Gegenteil, sie stanken dermaßen, dass keiner neben mir auf der Bank sitzen wollte.«

»Das kann man wohl sagen!«, sagte die Frau, die auf der anderen Seite neben Clyde auf dem Sofa saß. Mit der einen Hand hielt sie sich die Nase zu, während sie sich mit der anderen Luft zufächelte.

»Pscht!«, machte Clyde.

»Dann hat mir ein Mannschaftskamerad von Ssplisch erzählt«, sagte jetzt wieder der Fernseh-Clyde. Er zog eine Dose Ssplisch unter der Bank hervor und hielt sie hoch, damit jeder sie sehen konnte. »Ich sprühe einfach jeden Morgen meine Füße damit ein und jetzt duften sie geradezu. Außerdem mag ich das Kitzeln an der Fußsohle.«

»Ssplisch«, sagte eine Stimme im Hintergrund. »Eine Wohltat für Ihre Füße. Ausschließlich aus natürlichen Ingredienzien. Neutralisiert alle Pilze und Bakterien, die Fußschweiß verursachen. Und das Prickeln – es wird Ihnen gefallen!«

Alle auf der Party applaudierten.

»Er hat nicht gelogen«, sagte die Frau neben Clyde. »Mit seinen Socken konnte ich es nicht mal im selben Raum aushalten.«

Die anderen lachten.

Die Frau redete weiter: »Das ist kein Witz. Es war so schlimm, dass –«

»Es reicht«, sagte Clyde und hielt ihr den Mund zu. »Jetzt hat es auch der Letzte begriffen.« Er sah zu Stanley hinüber. »Tust du mir einen Gefallen, Stanley?«

Stanley zuckte mit der linken Schulter.

»Ich will mir noch ein bisschen Kaviar holen«, sagte Clyde. »Sei so lieb und halt meiner Frau solange den Mund zu.« Er stand auf und schlug Stanley auf die Schulter.

Stanley schaute unsicher erst auf seine Hand, dann auf die Frau von Clyde Livingston.

Sie zwinkerte ihm zu.

Er fühlte, wie er rot wurde, und drehte sich zu Hector

um, der vor einem prall gepolsterten Sessel auf dem Boden saß.

Die Frau, die hinter Hector in dem Sessel saß, strich ihm gedankenverloren mit den Fingern durchs Haar. Sie war nicht sehr alt, aber ihre Haut erinnerte an gegerbtes Leder. Ihre Augen sahen müde aus, so als hätte die Frau in ihrem Leben zu viele Dinge gesehen, die sie lieber nicht gesehen hätte. Und wenn sie lächelte, schien ihr Mund zu groß für ihr Gesicht.

Ganz leise sang und summte sie abwechselnd ein Lied, das ihre Großmutter immer für sie gesungen hatte, als sie ein kleines Mädchen war.

Wenn, ja wenn,
doch der Mond bleibt stumm,
er wirft das Sonnenlicht zurück
und alles, was sonst vergangen ist.
Sei stark, mein müder Wolf,
dreh dich nur mutig um.
Flieg hoch hinauf, mein Vögelchen,
mein Engelchen, mein Alles.